L'auteur remercie Marion et Florence et, avec elles, dédie ce livre à Guillaume.

Coordination éditoriale
Anne Luthaud

Conception graphique et direction artistique
Anne Boyer

Illustrations
Chiara Carrer
Florence Langlois
Stephan Laplanche
Nicolas Leman
Marie Anne Rochette
Zaü

Lecture-correction
Annick Valade, assistée de Monique Bagaïni.

Conseil au Canada
Ariane Archambault

Fabrication
Claire Svirmickas
Ingrid Boeringer

21, rue du Montparnasse, 75298 Paris Cedex 06
ISBN : 2-03-652512 1
Dépot légal avril 1997
Distributeur exclusif au Canada : les Éditions Françaises Inc.

le petit Pierre

mes premiers mots
Larousse

Claude Helft

LAROUSSE

Il était une fois un dictionnaire...

Première lettre des mots de la page.

Illustration identique à celle de *Mes premières images*, pour trouver le mot qui lui correspond lorsqu'on ne sait pas encore lire.

Petite phrase complétant un des mots de la page.

Réglette permettant de se repérer dans l'alphabet.

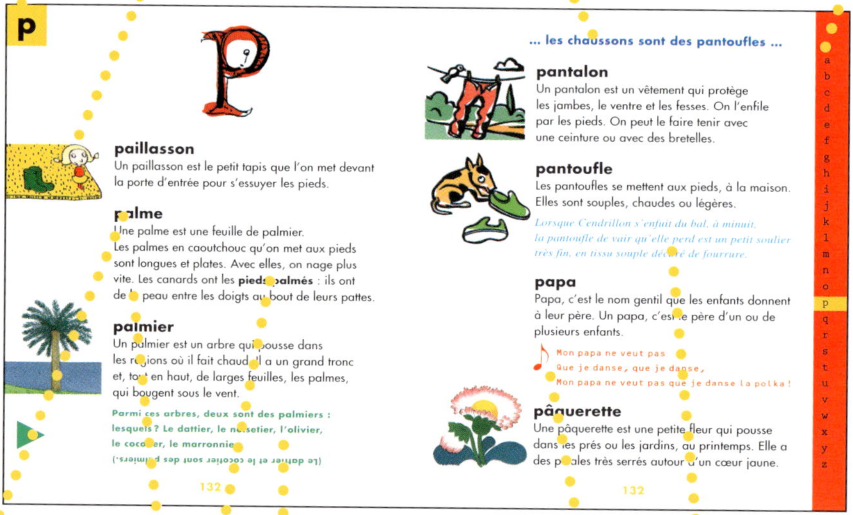

p

P

paillasson

Un paillasson est le petit tapis que l'on met devant la porte d'entrée pour s'essuyer les pieds.

palme

Une palme est une feuille de palmier.
Les palmes en caoutchouc qu'on met aux pieds sont longues et plates. Avec elles, on nage plus vite. Les canards ont les **pieds palmés** : ils ont de la peau entre les doigts au bout de leurs pattes.

palmier

Un palmier est un arbre qui pousse dans les régions où il fait chaud. Il a un grand tronc et, tout en haut, de larges feuilles, les palmes, qui bougent sous le vent.

Parmi ces arbres, deux sont des palmiers : lesquels ? Le dattier, le noisetier, l'olivier, le cocotier, le marronnier.
(Le dattier et le cocotier sont des palmiers.)

132

... les chaussons sont des pantoufles ...

pantalon

Un pantalon est un vêtement qui protège les jambes, le ventre et les fesses. On l'enfile par les pieds. On peut le faire tenir avec une ceinture ou avec des bretelles.

pantoufle

Les pantoufles se mettent aux pieds, à la maison. Elles sont souples, chaudes ou légères.

Lorsque Cendrillon s'enfuit du bal, à minuit, la pantoufle de vair qu'elle perd est un petit soulier très fin, en tissu souple décoré de fourrure.

papa

Papa, c'est le nom gentil que les enfants donnent à leur père. Un papa, c'est le père d'un ou de plusieurs enfants.

Mon papa ne veut pas
Que je danse, que je danse,
Mon papa ne veut pas que je danse la polka !

pâquerette

Une pâquerette est une petite fleur qui pousse dans les prés ou les jardins, au printemps. Elle a des pétales très serrés autour d'un cœur jaune.

132

a b c d e f g h i j k l m n o p q r s t u v w x y z

Mot défini

Définition, différents sens du mot, contraire.

Mot de la même famille et expression.

▶ Devinette, charade pour jouer avec le mot.
(réponse au jeu donnée à l'envers)

Petit conte pour illustrer le mot qui précède.

Chanson ou comptine : le mot défini y apparaît.

Ce dictionnaire, *Mes premiers mots Larousse,* crée, avec *Mes premières images Larousse,* la collection «Le petit Pierre», hommage à l'enfant curieux et passionné que fut Pierre Larousse.

Informatif et ludique, cet ouvrage s'adresse aux enfants avant même qu'ils ne sachent lire. Son texte peut être raconté par les parents et utilisé à l'école pour faire découvrir ce que veulent dire des mots qui désignent et décrivent le corps, les vêtements, les maisons, la ville, les personnages des histoires, les animaux, la nature, le ciel. Ces mots sont ceux des petites phrases de *Mes premières images Larousse.* Les deux ouvrages sont interactifs : les mots de l'un se cherchent dans l'autre, les illustrations du premier se retrouvent parmi celles du second, mais ils ont été conçus pour pouvoir aussi être lus indépendamment.

Chaque mot comporte une définition, - ou parfois plusieurs lorsqu'il existe différents sens -, son contraire, des mots de la même famille, des expressions, de courtes explications encyclopédiques. Un emploi immédiat du mot est souvent proposé sous forme de jeu : question, devinette, charade, comptine, chanson, résumé d'un conte. Facilement repérables dans la page, par leurs caractères et leur couleur, ces jeux peuvent être lus seuls ou donner envie de lire tout l'article.

Par sa pratique ludique et tendre, en éveillant la curiosité, en encourageant l'expression et la communication, ce dictionnaire veut donner un élan vers le savoir et les échanges.

Claude Helft

abeille

Une abeille est un insecte qui vole.
Avec les fleurs, les abeilles fabriquent du miel et de la cire. Elles vivent autour de leur reine, dans un arbre ou dans une petite maison faite pour elles, une ruche.

L'abeille bourdonne, bzzz bzzz,
le bourdon aussi, bzzz bzzz bzzz...

abordage

« À l'abordage ! » est l'ordre que le chef crie aux pirates pour qu'ils sautent sur le bateau qu'ils attaquent. Monter **à bord** d'un bateau, c'est monter sur un bateau. Sur un bateau, quand on regarde vers l'avant, **bâbord**, c'est le côté gauche, **tribord**, c'est le côté droit.

adorer

Adorer, c'est aimer très fort.

affaire

Nos affaires, c'est ce qui nous appartient.

Peigne, cahier, dentifrice, colle, savon, cartable.
Quelles sont les affaires de toilette
et quelles sont les affaires de classe ?
(affaires de classe : cahier, colle, cartable)

affreux

Être affreux, c'est être très laid. Un affreux cauchemar, c'est un cauchemar qui fait très peur. Un temps affreux, c'est un très mauvais temps.

«Quel temps affreux !» dit l'escargot
qui déteste quand il fait beau.
«Quel temps magnifique !» dit le chameau
qui adore quand il fait chaud.

aiguille

Une aiguille pour coudre est une petite tige en acier. Elle a un bout très pointu, et l'autre bout percé d'un trou pour passer le fil.
La petite aiguille d'une montre indique les heures, la grande aiguille les minutes.
Les aiguilles des sapins sont leurs feuilles, fines, courtes et un peu piquantes.

aimer

Aimer quelqu'un, c'est se sentir bien quand il est là, penser souvent à lui, souhaiter son bonheur. Aimer faire du vélo, c'est avoir du plaisir à en faire. Être **aimable**, c'est avoir le sourire, être gentil, même si on n'en a pas envie.

Tous ces mots parlent d'aimer, sauf un : lequel ? Amour, amoureux, amoureuse, amer, bien-aimé, ami. (amer)

air

L'air, c'est ce que nous respirons.
Regarder en l'air, c'est regarder vers le ciel.
Si le dindon a l'air furibond, c'est qu'il ressemble à quelqu'un qui est en colère.
Chanter un air, c'est chanter une chanson, un morceau de musique.

Être tête en l'air, c'est être nu-tête, être très grand ou être étourdi ? (être étourdi)

aligner

Des crayons bien alignés sont rangés les uns à côté des autres, comme les couleurs de l'arc-en-ciel.

allée

Une allée, dans un jardin, c'est l'endroit où l'on marche entre les fleurs, pour ne pas les abîmer. Une allée, dans un supermarché, c'est là où l'on pousse son chariot, entre les rayons.

aller

Aller sur les petits chemins, c'est se déplacer pour avancer. S'en aller, c'est partir. « Comment vas-tu ? », es-tu en bonne santé, de bonne humeur aujourd'hui ?

En Europe, les hirondelles s'en vont à la fin de l'été. Et où vont-elles alors ? (en Afrique)

allô !

On dit « allô ! » au téléphone avant de dire bonjour. C'est une façon d'être sûr qu'on nous entend. En anglais, on dit « hello ! », en italien, « pronto ! ».

allumer

Allumer une lampe, c'est faire de la lumière. Allumer la télévision, c'est la faire marcher.

On allume avec une allumette.
Que fait-on avec une calculette ? (On calcule.)

alors

Alors veut dire « à ce moment-là ».

Alors, l'ogre se transforma en souris et le chat le mangea.

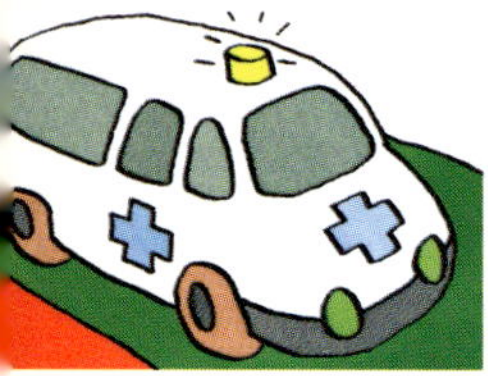

ambulance

Une ambulance est une voiture pour transporter les malades et les blessés.

amusant

Un dessin amusant nous fait rire ou sourire.
Un jeu qui n'est pas amusant est ennuyeux.

animal

Les animaux sont des êtres vivants. Ils se déplacent en marchant, nageant, volant, sautant, rampant... Les oiseaux, les poissons, les insectes, les serpents, les chiens, les chats sont des animaux.

Quel est l'animal
qui cancane, coin-coin ? (le canard)
Qui brait, hi-han ? (l'âne)
Qui miaule, miaou, miaou ? (le chat)
Qui pépie, piou-piou ? (l'oiseau)
Qui rugit, roâr, roâr ? (le lion)

année

Une année, c'est 12 mois ou 365 jours, sauf tous les quatre ans, où l'année a un jour de plus : le 29 février. Notre **anniversaire**, c'est le jour de notre naissance, que l'on fête chaque année. Les **années-lumière**, ce sont les milliards de kilomètres qu'il y a entre nous et les étoiles lointaines.

Vive le vent, vive le vent d'hiver,
Boules de neige, jour de l'an
Et bonne année grand-mère !

appeler

Appeler les enfants, c'est dire leur nom pour qu'ils viennent. Appeler une ambulance, c'est téléphoner pour faire venir une ambulance. Appeler son chat Minou, c'est lui donner le nom de Minou.

Monsieur et Madame Rico ont un fils. Comment l'appellent-ils : Toto, Jojo ou Coco ? (oɔoↃ)

appuyer

Appuyer sur le bouton de l'ascenseur, c'est pousser dessus. Appuyer la tête sur un oreiller, c'est la poser dessus.

a b c d e f g h i j k l m n o p q r s t u v w x y z

après

Après la douche, c'est lorsqu'on a fini de prendre la douche. Le contraire, c'est avant.
L'**après-midi**, c'est de midi jusqu'au soir.

Do, ré, mi, fa, sol, la, si, do... La note de musique après do, c'est ré. Quelle est la note après fa ?

arbre

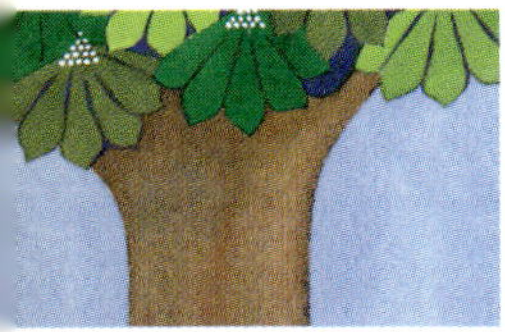

Les arbres ont un tronc, des branches et des feuilles. Ils se nourrissent par les racines qui s'enfoncent dans la terre. Ils abritent beaucoup d'oiseaux et d'insectes, donnent parfois des fruits et nous font de l'ombre quand il fait chaud...

arc-en-ciel

Un arc-en-ciel est fait de sept couleurs : rouge, orangé, jaune, vert, bleu, indigo (bleu foncé), violet. Elles apparaissent en dessinant un arc dans le ciel quand il pleut et fait soleil à la fois.

arrêter

Une voiture arrêtée ne roule plus.
Arrêter un voleur, c'est le faire prisonnier.
L'**arrêt** d'un autobus, c'est l'endroit où l'on peut descendre d'un autobus ou y monter.

... le chien s'assoit sur son arrière-train ...

Autour de la Belle au bois dormant,
tout s'est arrêté, même le feu dans la cheminée.
Le château tout entier s'est endormi.

arrière

Pencher la tête **en arrière**, c'est la pencher vers le dos. Le contraire, c'est en avant. En voiture, pour reculer, on passe la **marche arrière**.

Sur une photo, qui est en arrière : les plus petits ou les plus grands ? (les plus grands)
Dans une voiture, qui est à l'arrière : le chauffeur ou les enfants ? (les enfants)

arriver

Arriver, c'est être là où l'on voulait aller. L'**arrivée**, c'est le moment où l'on arrive, ou bien c'est l'endroit où l'on arrive.

Le lièvre et la tortue font la course. Au départ,
le lièvre est sûr de gagner, mais il traîne en chemin,
et c'est la tortue qui est la première à l'arrivée !

arroser

Arroser les fleurs, c'est mettre de l'eau dessus. Pour arroser, on met de l'eau dans un **arrosoir**, ou on se sert d'un tuyau d'**arrosage.**

ascenseur

Un ascenseur permet de monter et de descendre les étages d'un immeuble sans prendre l'escalier. Il s'arrête à l'étage que l'on veut et peut transporter plusieurs personnes à la fois.

aspirateur

Un aspirateur est un appareil qui enlève la poussière et la fait entrer dans son sac. Quand on **aspire** l'air, on le fait entrer dans ses poumons, quand on souffle, on le fait ressortir.

L'aspirateur aspire, l'accélérateur accélère...
Que fait l'explorateur ? (Il explore.)
et le réparateur ? (Il répare.)

s'**asseoir**

S'asseoir, c'est s'appuyer sur ses fesses.

Ni les oiseaux ni les poissons ne peuvent s'asseoir : pourquoi ? (Ils n'ont pas de fesses.)

assiette

Sur une assiette, on pose ce que l'on va manger. Dans une assiette creuse, on met la soupe, dans une assiette plate, les haricots verts, dans une assiette à dessert..., le dessert !

asticoter

Un moustique qui nous asticote tourne autour de nous et cela nous agace.

attention

On dit « attention ! » quand il y a un danger. Dans la rue, **faire attention**, c'est bien regarder, attendre que le feu soit rouge pour les voitures, donner la main pour traverser.

aujourd'hui

Aujourd'hui, c'est le jour où nous sommes. Le jour d'après, c'est demain, le jour d'avant, c'est hier.

Aujourd'hui, on se déguise !
Quel jour sommes-nous :
Noël, jour de l'An ou Mardi gras ?
(Mardi gras)

au revoir

On se dit au revoir quand on se quitte. Parfois on s'embrasse ou on se serre la main. « Salut ! », « à plus tard ! », « à demain ! », « adieu ! », « à l'année prochaine ! » sont des façons de se dire au revoir.

autobus

Un autobus transporte les passagers dans les rues des villes. Il a un numéro et suit toujours le même chemin. On peut dire un autobus ou un **bus**.

Bus et car sont des mots qu'on a raccourcis. Voici d'autres mots qui peuvent tous être raccourcis, sauf un : lequel ? Automobile, métropolitain, vélocipède, kilogramme, autoroute. (autoroute)

autocar

Un autocar transporte les voyageurs sur les routes. Il a des heures de départ et des heures d'arrivée. On peut dire un autocar ou un **car**.

automne

L'automne est la saison qui va du 22 ou 23 septembre au 21 ou 22 décembre. Les feuilles des arbres jaunissent et tombent, les jours deviennent plus courts. Avant l'automne, c'est l'été, après, c'est l'hiver.

Colchiques dans les prés,
C'est la fin de l'été...
La feuille d'automne,
Emportée par le vent...

autour

Tout autour d'un chêne, c'est partout, sous le chêne. Autour de la cheminée, c'est devant et sur les côtés.

avaler

Avaler de la nourriture, c'est la faire passer dans la gorge pour qu'elle descende dans l'estomac. Attention, n'avalons pas tout rond les bonbons !

avant

Manger les pâtes avant les fraises, c'est manger d'abord les pâtes. Le contraire, c'est après. Pencher la tête **en avant**, c'est la pencher vers la poitrine. Le contraire, c'est en arrière.

Cendrillon doit rentrer avant minuit,
sinon son carrosse redeviendra une citrouille,
ses serviteurs, des souris, et son cocher, un gros rat...

avion

Un avion vole dans le ciel. Il nous transporte à travers les airs. Il transporte aussi des marchandises.

Ils sont dans l'avion, sauf un : lequel ? Le pilote, le chauffeur, l'hôtesse de l'air. (le chauffeur)

a b c d e f g h i j k l m n o p q r s t u v w x y z

baguette

Une baguette est un petit bâton qu'on peut tenir entre les doigts. En Chine, au Japon, on mange avec deux baguettes.
Une baguette faite par le boulanger est un pain long et mince.

Dans les histoires, les fées ont des baguettes pour faire de la magie ou de la musique ? (de la magie)

baignoire

Dans la salle de bains, on remplit d'eau la baignoire pour s'y laver, assis ou allongé.

Une baignoire, un arrosoir, une bouilloire, une armoire : qu'est-ce qui contient de l'eau et qu'est-ce qui n'en contient pas ?
(On ne met pas d'eau dans l'armoire !)

balancer

Se balancer, c'est bouger d'un côté puis de l'autre plusieurs fois.

balançoire
Une balançoire est un siège suspendu par deux cordes sur lequel on se balance en s'élançant ou en se faisant pousser.

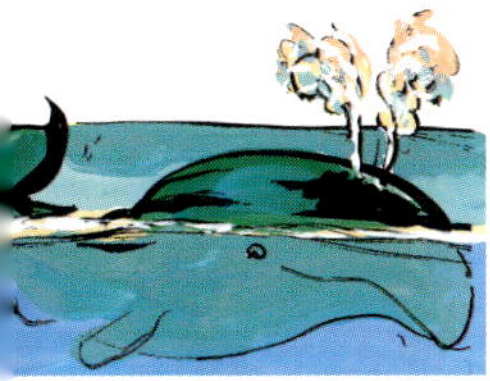

baleine
Une baleine est un animal très grand, très lourd, qui vit dans les mers froides. Elle peut rester 30 minutes sous l'eau puis revient respirer à la surface en soufflant de l'air mélangé à de la vapeur d'eau.
Le petit de la baleine est le **baleineau**.

C'est assez, dit la baleine. Il faut que
je me cache à l'eau, car j'ai le dos fin.

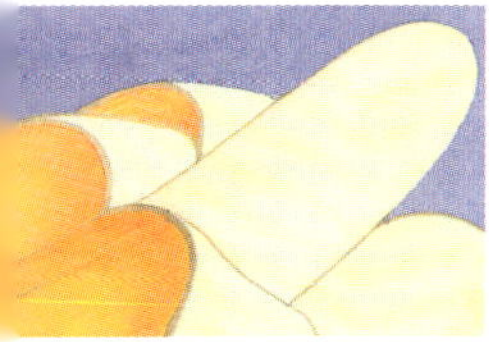

banane
La banane est un fruit. Elle a la forme d'un croissant et une peau jaune et épaisse.
Elle pousse sur un **bananier**. En Afrique et aux Antilles, on l'appelle banane douce, petite banane ou banane dessert.

banlieue
La banlieue, ce sont les villes et les villages qui entourent une très grande ville.

barboter

Barboter, c'est remuer dans de l'eau peu profonde. On barbote dans une flaque, dans son bain ou à la mer, tout près du bord.

basket

Les baskets sont des chaussures que l'on met pour marcher, courir, faire du sport.

bateau

Un bateau nous transporte sur l'eau, sauf si c'est un jouet, évidemment ! Il transporte aussi des marchandises.

Qui est sur un bateau et qui n'y est pas : le dauphin, le capitaine, le pirate ?

(le dauphin est dans l'eau !)

battre

Battre quelqu'un, c'est lui donner des coups, le frapper. **Se battre**, pour un chevalier, c'est donner des coups d'épée, attaquer et se défendre. **Battre la mesure** avec le pied, c'est taper du pied en suivant la musique. **Battre des cils**, c'est fermer les yeux et les rouvrir très vite.

Pour faire un baiser de papillon, on bat très vite des cils contre la joue de celui qu'on embrasse.

beau

On trouve beau ce qui est agréable à regarder, à écouter, et qui nous émeut, comme une belle fleur ou une belle musique. Le contraire, c'est laid. Quand **il fait beau**, c'est que le soleil brille.

« Dis-moi qui est la plus belle » demandait la reine à son miroir magique. « C'est Blanche-Neige » répondait le miroir...

beaucoup

Avoir beaucoup de voisins, c'est en avoir un grand nombre, pas seulement un ou deux, mais bien plus. Aimer beaucoup le chocolat, c'est l'aimer énormément, vouloir en manger très souvent.

Je t'aime un peu, beaucoup, passionnément, à la folie, pas du tout...

bébé

Un bébé, c'est un enfant qui vient de naître ou un tout petit enfant.
Un bébé phoque, c'est un très jeune phoque.

... la maman oiseau donne la becquée à ses petits ...

bec

Le bec, c'est ce qui sert de bouche aux oiseaux. Il est dur et souvent pointu. Il leur sert à attraper la nourriture, à construire leur nid, à attaquer leurs ennemis... Une **becquée**, c'est ce qu'un oiseau tient dans son bec pour nourrir ses petits.

Dans quoi tient une bouchée ?
une cuillerée ? une assiettée ?
(dans la bouche, la cuillère, l'assiette)

bercer

Bercer un bébé dans ses bras, c'est le balancer doucement. Un **berceau** est un lit que l'on peut balancer pour bercer un bébé. Une **berceuse** est une chanson douce qu'on chante pour endormir un petit enfant.

Dodo, l'enfant do,
L'enfant dormira bien vite,
Dodo, l'enfant do,
L'enfant dormira bientôt.

beurre

Le beurre se fabrique en faisant tourner très vite et longtemps la crème du lait. Il fond facilement quand il fait chaud.

bien

On trouve bien ce qui nous semble exact et juste. Le contraire, c'est mal. **Bien écouter**, c'est écouter avec attention.

J'aime la galette, savez-vous comment ?
Quand elle est bien faite,
Avec du beurre dedans !

bisou

Bisou est un mot gentil pour dire baiser. Pour faire un baiser ou un bisou sur la joue, on appuie dessus sa bouche fermée puis on la retire en ouvrant les lèvres. C'est l'air qui fait du bruit.

Smack ! Pour faire un gros bisou, on appuie beaucoup.

blanc

Le blanc est la couleur du lait, des clochettes du muguet, de la neige, de la lune.
Dans un œuf, le blanc est le liquide, autour du jaune, qui devient blanc quand il est cuit.
Les **Blancs** sont les personnes qui ont la peau claire ou très claire.

Chaque année, le père Noël passe une nuit blanche : laquelle ? (la nuit de Noël)

blé

Le blé est une plante qu'on fait pousser dans un champ. Ses grains sont groupés au bout de la tige, en épi. Avec les grains du blé, on fait de la farine et du son ; ce qu'il reste est la paille.

bleu

Le bleu est la couleur du ciel quand il fait beau. En peinture, pour faire du **bleu clair**, on ajoute du blanc, pour le **bleu marine**, on ajoute du noir.

blouson

Un blouson est un vêtement qui s'arrête à la taille. On enfile une manche puis l'autre, on le ferme devant et on est prêt pour sortir.

boire

Boire, c'est avaler un liquide, comme l'eau ou le lait. Le chat boit avec sa langue, les fleurs boivent par leurs racines. **Boire la tasse**, c'est avaler un peu trop d'eau en nageant.

On les boit chaudes ou froides :
la limonade ? (froide)
l'orangeade ? (froide)
la tisane ? (chaude)

bois

Les branches et le tronc des arbres sont en bois, une matière très solide qui sert à fabriquer des meubles ou à se chauffer.
Un bois est un endroit où poussent beaucoup d'arbres, mais pas autant que dans une forêt.

Prom'nons-nous dans les bois...
Pendant que le loup n'y est pas...
Si le loup y était, il nous mangerait...

bol

Un bol est rond, creux, avec des bords un peu hauts. On s'en sert au petit déjeuner pour boire le chocolat ou manger les céréales.

bon

Un bon gâteau est un gâteau que l'on aime manger. Une bonne nouvelle nous fait plaisir.
Sentir bon, c'est avoir une odeur agréable, une odeur qui nous plaît. Le contraire, c'est sentir mauvais.

bonbon

Un bonbon se suce ou se croque et contient beaucoup de sucre.

bonjour

On se dit bonjour quand on se rencontre. Parfois on s'embrasse ou on se serre la main.

bonnet

Un bonnet se met sur la tête. Il est souple et n'a pas de rebords. Les bonnets en laine tiennent chaud, les **bonnets de bain**, en plastique, protègent les cheveux de l'eau.

bonsoir

On se dit bonsoir le soir, quand on se rencontre ou quand on se quitte.

bosse

Une bosse, c'est une boule qui se forme sous la peau qui gonfle là où l'on s'est cogné. On met de l'eau froide sur une bosse pour avoir moins mal. Les bosses du chameau sont les deux formes arrondies qu'il a sur le dos.

botte

Les bottes sont des chaussures qui couvrent les pieds et les jambes. On les met pour ne pas se mouiller et ne pas avoir froid.

Les **bottillons** sont des bottes courtes.

Il était une fois le chat du marquis de Carabas. On l'appelait le Chat botté car il portait des bottes extraordinaires, des bottes de sept lieues...

bouche

Notre bouche est en bas du visage. Elle est fermée quand les lèvres se touchent. On l'ouvre pour manger, pour parler, pour chanter ou souffler.
Une **bouchée**, c'est une petite quantité de nourriture, un morceau que l'on met dans sa bouche en une seule fois.

Le Petit Chaperon rouge : « Oh, Grand-mère, comme tu as une grande bouche ! » Le loup (déguisé en grand-mère) : « C'est pour mieux t'embrasser, mon enfant ! »

boucher

Boucher, c'est fermer. Quand le nez est bouché, c'est qu'un rhume empêche l'air de passer.
Un **bouchon** sert à fermer une bouteille.
Un **tire-bouchon** sert à l'ouvrir. On **rebouche** les tubes de peinture, on remet leurs bouchons.

**On les bouche tous, sauf un : lequel ?
Le nez, les oreilles, l'arrosoir,
la bouteille, la baignoire.** (l'arrosoir)

a b c d e f g h i j k l m n o p q r s t u v w x y z

bouillir

L'eau bout lorsqu'on la fait chauffer et que des bulles d'air montent à sa surface. Elle devient très chaude. On se brûle si on la touche.

boulette

On fait une boulette de viande hachée en la tassant en forme de petite boule.

bourdonner

Les insectes qui bourdonnent font en volant un bruit qui vibre dans l'air.

Bzzz... pique ! Bzzz... pique !
C'est le refrain du moustique.
Bzzz... touche !...Bzzz... touche !...
C'est le refrain de la mouche !

bouton

Un bouton, petit, rond et cousu sur un vêtement sert à le fermer, à le **boutonner**. Le bouton de l'ascenseur, c'est là où l'on appuie pour l'appeler, monter ou descendre. Un bouton, c'est aussi une petite boule qui apparaît sur la peau.
Un **bouton de rose**, c'est une rose qui a ses pétales encore serrés les uns sur les autres.

... les lunettes aussi ont des branches ...

branche

Les branches des arbres partent du tronc et s'élancent vers le ciel. Elles portent des feuilles, des fleurs, des fruits.

Sur la plus haute branche,
Un rossignol chantait...

bras

Nos bras commencent aux épaules et se terminent par les mains.
Avec les bras, on porte, on berce les petits, on embrasse nos amoureux et qui on veut.

bretelles

Des bretelles sont deux bandes de tissu élastique qui passent sur les épaules et tiennent une jupe ou un pantalon.

briller

Briller, c'est faire de la lumière, comme le soleil et les étoiles, ou renvoyer la lumière, étinceler, comme une bague qui a des diamants.

Ils sont brillants quand on est content : les feux, les jeux, les œufs ou les yeux ? (les yeux)

brosse à dents

Une brosse à dents a des poils souples fixés au bout d'un manche et sert à se laver les dents.

brosse à cheveux

Une brosse à cheveux a des poils durs fixés au bout d'un manche et sert à démêler les cheveux.

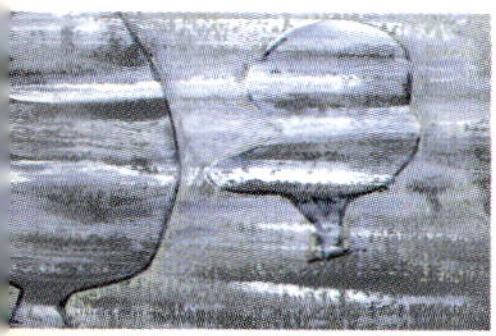

brouillard

Quand il y a du brouillard, c'est difficile de voir ce qu'il y a autour de soi. Le brouillard se forme près du sol quand l'air est plus froid que la terre.

brûlant

Un four brûlant est un four très chaud. Attention, si on le touche, cela fait très mal : on **se brûle**.

À celui qui cherche un cadeau qu'on a caché, on dit : « dans le froid », quand il est loin de la cachette ; « dans le chaud », quand il s'approche ; et « tu brûles ! », quand il est tout près.

brun

Le brun est la couleur de la coquille de la noisette, du pain d'épices, de l'ours des Pyrénées.
Une fille brune a les cheveux bruns.

cacher

Cacher un trésor, c'est le mettre dans un endroit secret. Quand le crabe **se cache** sous un rocher, il est là, mais on ne le voit pas. Quand on joue à **cache-cache**, un joueur cherche les autres qui se sont cachés. Dans une **cachette**, on met ce qu'on veut cacher.

Qu'est-ce qui est caché sous l'oreiller : le cahier, la poupée ou la petite dent qui est tombée ?

(C'est la dent, et la petite souris va passer !)

cactus

Un cactus, c'est une plante qui pousse là où il fait très chaud. Ses feuilles sont des piquants.

câlin

Un câlin, c'est une caresse, une façon très gentille de poser la main, la joue... **Faire un câlin** à sa maman, c'est la tenir dans ses bras, être tout près d'elle pour sentir qu'on s'aime, qu'on est bien.

... il fait un froid de canard, il fait très froid ...

camion

Un camion transporte beaucoup de marchandises, son chargement, par la route.
Un **camion de pompiers** transporte les pompiers, les échelles et les tuyaux.
Une **camionnette** est un petit camion.

campagne

La campagne, c'est là où il y a des champs, des prés, des rivières, des fermes, des villages avec leurs habitants.

canal

Un canal est un cours d'eau que l'on a construit pour faire passer les bateaux en creusant la terre et en amenant de l'eau.

Mon premier est la femelle du canard.
On trouve mon deuxième dans un canal.
Mon tout se dit quand il n' y a pas un seul canal mais plusieurs. (canaux / cane-eau)

canard

Un canard est un oiseau qui va sur l'eau.
Il a un bec large et des pattes palmées pour nager.
La **cane** est la femelle du canard, leurs petits sont

les **canetons**. Coin-coin ! fait le canard en français, quack, quack ! fait le canard en anglais.

Un canard disait à sa cane
Ris cane ! ris cane !
Un canard disait à sa cane
Ris cane ! et la cane a ri !

caqueter

La poule caquette lorsqu'elle pousse de petits cris. En français, la poule caquette en faisant cot cot codec !, en italien, elle fait cocodè !

carotte

Une carotte est un légume. On mange ce qui pousse dans la terre, sa racine orange.
Les lapins, les chevaux aiment aussi ses feuilles, appelées fanes.

carré

Un carré a quatre côtés qui ont la même longueur et forment quatre angles droits.

Qu'est-ce qui est carré et qu'est-ce qui ne l'est pas : un carreau sur le cahier, une case sur le damier, une face sur le dé, un carreau de carte à jouer ?

(Un carreau de carte à jouer n'est pas carré.)

... le rappeur met sa casquette en arrière ...

casque

Un casque se met sur la tête pour la protéger des chocs. Il est très solide et il s'attache.

On traverse la rivière sur mon premier.
À mon second, on a des souliers.
Mon tout a un casque et des bottes.
(pompier / pont-pieds)

casquette

Une casquette se met sur la tête. Elle protège du soleil. Elle est en tissu, légère et elle a une visière.

casserole

Une casserole a un fond plat, des bords hauts et une queue. On s'en sert pour faire chauffer ou cuire ce que l'on va manger.

CD

Un CD est un disque. Pour l'écouter, on le met dans une chaîne. On dit aussi **disque compact**.

cent

100

100, c'est 99 + 1. Dire **cent fois** la même chose, c'est la dire et la redire. Si on est le **centième**, c'est qu'il y en a 99 avant.

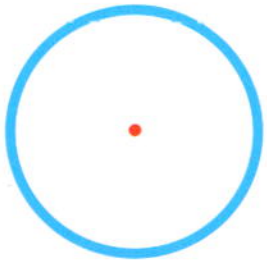

cercle

Un cercle est un rond parfaitement rond. Il a un centre, c'est le point qui est exactement au milieu.

cerise

Une cerise est un fruit. Elle est petite, ronde, rouge. Elle a un petit noyau et elle tient par une longue queue aux branches du **cerisier**.

chaîne

Dans une chaîne, il y a plusieurs appareils pour écouter la radio, les CD, les cassettes.

chaise

Une chaise a quatre pieds et un dossier. Elle sert à s'asseoir.

chameau

Un chameau est un animal qui vit dans les pays où il fait très chaud le jour, et parfois très froid la nuit. Il a deux bosses sur le dos. Il court vite, mange peu et peut rester longtemps sans boire.

La chamelle est la femelle du chameau. Comment s'appelle son petit, le chamelon ou le caméléon ?

(le chamelon)

... chante, rossignol, chante, toi qui as le cœur gai ...

champ

Un champ, c'est une étendue de terre où l'on fait pousser tout ce que l'on veut récolter en grande quantité. Pour cultiver les champs, on a besoin de tracteurs.

Qu'est-ce qui pousse dans les champs et qu'est-ce qui n'y pousse pas : le blé, les pommes de terre, les fraises, la mousse ?

(La mousse n'y pousse pas.)

chanter

Pour nous, chanter, c'est faire entendre des sons ou des paroles sur un air, une musique.
Lorsque les oiseaux chantent, ils poussent des cris qui nous semblent jolis, comme une musique.
En français, les oiseaux font cui-cui !, en anglais, ils font tweet-tweet !

chargement

Un chargement, c'est toutes les choses que l'on transporte.

Dans un camion, il y a mille kilos de plumes, et dans un autre, mille kilos de pommes de terre. Quel est le chargement le plus lourd ?

(Aucun, les deux pèsent mille kilos.)

chariot

Un chariot qu'on pousse au supermarché est en métal et a quatre roues. Il sert à transporter ce qu'on veut acheter. Il y a aussi des chariots dans les gares et les aéroports, pour les bagages.

chasse

Faire la chasse aux pucerons, comme le fait la coccinelle, c'est essayer de les attraper pour les tuer et les manger. Les **chasseurs** vont à la chasse, ils vont **chasser**, essayer d'attraper des animaux.

Un chasseur sachant chasser
doit savoir chasser sans son chien.

chat

Un chat est un animal qui vit près de nous. Il a des poils très doux. Il aime faire ce qu'il veut, dormir, se faire caresser… ou s'en aller ! La **chatte** est la femelle du chat. Leurs petits sont les **chatons**.

Mon premier est la note qui suit le ré.
Mon deuxième est la lettre qui est avant le b.
Mon troisième a des boules rouges
et des feuilles piquantes.
Le chat fait mon tout.

(miaou / mi-a-houx)

a b c d e f g h i j k l m n o p q r s t u v w x y z

château

Un château est une très grande maison où habitaient les rois, les reines ou les seigneurs. Un **château fort** était protégé par de très hauts murs, des tours et des fossés remplis d'eau.

chatouiller

Chatouiller, c'est toucher du bout des doigts sous les pieds, sous les bras, autour du cou, un peu partout. Cela fait rire, mais, si cela dure trop longtemps, c'est agaçant. La douche nous chatouille quand ses petits jets d'eau tombent sur la peau et la picotent.

En français, on chatouille en disant « guili-guili »,
en anglais, on dit « tickle tickle »,
en allemand, on dit « kille kille ».

chaud

Les frites sont chaudes quand on les sort de l'huile où elles ont cuit. Il faut les manger tout de suite, sinon elles deviennent froides. **Il fait chaud** quand il y a beaucoup de soleil, en été, ou quand on met le chauffage. Le contraire, c'est froid. **Tenir chaud**, c'est protéger du froid, comme les pulls, les blousons, les manteaux.

chaussette

Quand on s'habille, on enfile les chaussettes sur ses pieds. Il en faut deux pareilles. Elles montent au-dessus des chevilles, jusqu'au-dessous des genoux.

chaussure

Quand on s'habille pour sortir, on met ses chaussures après ses chaussettes. Une gauche. Une droite. Elles sont solides, avec des semelles, pour protéger du froid, du chaud, des cailloux...

Mon premier est le contraire de haute.
À la gare, on descend du train sur mon deuxième.
On entend mon troisième à la fin de tête.
On met mon tout pour marcher, sauter, courir.

(basket / basse-quai-te)

chemin

Un chemin, c'est une petite route, à la campagne, qui traverse les champs, les prés, les forêts.
Le chemin de l'école, c'est le parcours que l'on suit pour aller à l'école.

Le Petit Poucet avait semé des cailloux pour retrouver son chemin. Mais, quand il sema des miettes de pain, les oiseaux les mangèrent, et il se perdit.

chemise

Quand on s'habille, on met une chemise en enfilant une manche puis l'autre puis en la boutonnant devant. On la rentre ou non dans son pantalon.

chemise de nuit

Une chemise de nuit est un vêtement qu'on met pour dormir. On la passe par la tête. Comme une robe, elle est courte ou longue, avec des manches ou non.

chêne

Un chêne est un arbre. Il peut vivre plus de 500 ans et devenir très grand. Ses fruits sont les glands.

cheval

Un cheval est un animal qui court très vite.
Il peut dormir debout, dans les prés ou à l'écurie.
On le dresse pour lui faire porter un cavalier.
La **jument** est la femelle du cheval.

Mon premier fait cot cot codec !
Mon deuxième s'entend à la fin de malin.
Mon tout est le petit de la jument.
(poulain / poule-in)

chevalier

Il y a très longtemps, au Moyen Âge, un chevalier était un homme qui avait un château, des armes et un cheval. Il se battait pour le roi, pour la reine ou pour ceux qu'il protégeait.

cheveu

Les cheveux poussent sur notre tête, d'un centimètre par mois à peu près.

Qui a des cheveux et qui n'en a pas : une fille, une coccinelle, un garçon ?
(Une coccinelle n'a pas de cheveux !)

chien

Un chien est un animal qui vit près de nous. Il y en a des petits et des gros, des doux et des féroces. Ils ont tous des dents solides pour manger de la viande et ronger les os. Ils aiment jouer et courir. On les dresse pour chasser, garder les animaux ou les maisons. En français, le chien fait ouah ! ouah !, en chinois il fait wan ! wan ! La **chienne** est la femelle du chien, leurs petits sont les **chiots**.

Tous des chiens, sauf un : lequel ? Le bouledogue, le dalmatien, le caniche, le martien. (le martien)

chiffre

0,1,2,3,4,5,6,7,8,9 sont des chiffres. Ils nous servent à compter.

Quand on écrit 12, on a besoin de deux chiffres, lesquels ? (1 et 2)

chocolat

On fabrique le chocolat avec une graine, le cacao, et du sucre.

choisir

Choisir un disque, c'est en prendre un parmi tous les autres, parce qu'on le préfère ou parce qu'on veut l'écouter.

ciel

Le ciel, c'est l'espace au-dessus de nos têtes. Il y passe des nuages et tout ce qui vole, sauf peut-être les poissons volants. On y voit aussi le soleil, la lune et les étoiles.

cil

Nos cils sont au bord de nos paupières, qui nous permettent d'ouvrir ou de fermer les yeux. Ils protègent les yeux contre les poussières.

cinéma

Un cinéma, c'est une salle avec un grand écran où l'on voit des films dans le noir avec d'autres spectateurs. **Faire du cinéma**, c'est faire des films.

5

cinq

5, c'est 4 + 1. Être prêt **dans cinq minutes**, c'est être prêt dans très peu de temps. Si on est le **cinquième**, c'est qu'il y en a quatre devant.

circuit

Les circuits d'un robot, c'est là où passe l'énergie qui le fait bouger. Le circuit du train électrique, c'est la boucle que font les rails.

cirque

Un cirque, c'est un chapiteau, une grande tente où l'on va voir des acrobates, des clowns, des animaux et leurs dompteurs. On s'assoit sur des gradins, des bancs autour de la piste qui vont du bas jusqu'en haut.

Ils font tous un numéro de cirque,
sauf un : lequel ?
Le magicien, l'écuyère, le funambule,
le garagiste, le trapéziste. (le garagiste)

... il a trouvé la clé du mystère ...

clé

La clé a un côté qu'on tient et l'autre qu'on glisse dans la serrure de la porte. On la tourne dans un sens pour ouvrir et dans l'autre pour fermer. Chaque serrure a sa clé.

On passe par mon premier pour entrer.
Mon deuxième ouvre mon premier.
Mon tout est pratique quand on a plusieurs clés.
(porte-clés / porte-clé)

clochette

Une clochette est une petite cloche. Elle est creuse et produit un son quand on la secoue, ding, ding, ding !... Les clochettes du muguet sont ses fleurs qui ressemblent à de petites cloches.

coccinelle

Une coccinelle est un insecte, un tout petit animal rouge ou orange, avec des points noirs sur le dos et des ailes cachées dessous. On l'appelle aussi bête à bon Dieu.

La petite coccinelle
Se promène sur mon doigt.
Ouvre, ouvre vite tes ailes,
Coccinelle, envole-toi !

cochon

Un cochon est un animal qu'on élève pour avoir du jambon, des saucisses, du lard et des lardons... Le bout de son museau, c'est le groin, qu'il plisse un peu quand il grogne. On appelle aussi le cochon **porc**. La **truie** est la femelle du porc, leurs petits sont les **porcelets**.

Pour imiter le grognement du cochon, il faut ouvrir la bouche en aspirant l'air par le nez et par la bouche.

cœur

Notre cœur bat dans la poitrine. Grâce à lui, le sang circule partout dans le corps, de la tête aux pieds. **Aimer de tout son cœur**, c'est aimer de toutes ses forces.
Le cœur de la salade, ce sont les petites feuilles tendres qui sont au milieu, sous les autres feuilles. Le cœur de la pâquerette est jaune, au milieu des pétales blancs.

collant

Un collant est un vêtement qui couvre les pieds, les jambes et monte jusqu'à la taille. Il se tend contre la peau et tient bien chaud.

a b c d e f g h i j k l m n o p q r s t u v w x y z

collerette

Une collerette est un petit rond qui fait des plis et qu'on met autour du cou. Les pétales de la pâquerette entourent son cœur comme une collerette entoure le cou.

commander

Commander à ses chevaliers, c'est leur donner des ordres pour qu'ils obéissent. Commander au restaurant, c'est dire au serveur quels plats on a choisis. Avec une **télécommande**, on donne, de loin, des ordres à la télévision.

coq

Un coq est un oiseau qui vit à la ferme. Il a une grande crête rouge sur la tête. Il chante juste avant le lever du soleil. En français, le coq fait cocorico !, en anglais, cock-a-doodle-do !

La poule est la femelle du coq. Comment s'appellent leurs petits ? (les poussins)

coquelicot

Un coquelicot est une fleur qui pousse l'été dans la campagne. Ses pétales sont rouges et très fins.

Gentil coquelicot, Mesdames,
Gentil coquelicot nouveau...

coquille

La coquille de l'escargot est dure et creuse.
Il y rentre tout entier pour se protéger. La coquille de l'œuf contient le jaune et le blanc. Quand il y a un poussin à l'intérieur, il doit la casser avec le bec pour sortir de l'œuf. La coquille de la noisette est très dure. On la casse avec un casse-noisettes.

corne

Les cornes sur la tête des animaux sont des pointes dures, sauf celles de l'escargot ! Les vaches ont deux cornes en haut du front, le rhinocéros en a une sur le nez.

Qui n'a pas de cornes : la girafe, la vache, la chèvre ou le cochon ? (le cochon)

corps

Notre corps, c'est ce qu'on voit de nous :
la tête, la poitrine, les bras, les mains, le dos, les fesses, le ventre, le sexe, les jambes, les pieds..., et tout ce qui est protégé à l'intérieur : le cœur, les os... Notre corps grandit. Il vieillit aussi, il meurt.

... elle lui a sauté au cou pour l'embrasser ...

cosmonaute

Un cosmonaute est un homme ou une femme, envoyé dans l'espace. Il pilote un vaisseau spatial ou il y travaille. Il peut aussi sortir dans l'espace. On dit aussi **astronaute**.

côté

Un côté du corps, c'est la moitié, en partant de la tête jusqu'aux pieds. On peut dormir sur le dos, sur le ventre, sur le côté. Les voisins habitent **à côté**, ils habitent près de chez nous.

cou

Notre cou nous permet de tourner la tête. La girafe a un long cou. Grâce à lui, elle peut manger les feuilles sur les branches des arbres.

se **coucher**

Le soleil se couche quand il passe au-dessous de l'horizon, la ligne que fait le ciel avec la terre ou la mer. Pour nous, se coucher, c'est s'étendre ou se mettre au lit.

Qu'est-ce qui est couché quand nous sommes levés et levé quand nous sommes couchés ?

(les pieds)

coucou

Un coucou est un oiseau qui ne fait pas de nid, mais pond dans celui des autres oiseaux.

♪ Dans la forêt lointaine,
On entend le coucou.
Du haut de son grand chêne,
Il répond au hibou...
Coucou hibou, coucou hibou, coucou !

couette

Une couette, c'est un sac en tissu rempli de duvet ou de petites plumes que l'on met sur son lit pour dormir au chaud.

couleur

Rouge, bleu, vert, jaune sont des couleurs.
Les photos en couleurs sont de toutes les couleurs.
Les photos en noir et blanc ont du noir, du blanc et des gris.

cour

La cour de l'école, c'est dehors, là où l'on va jouer pendant la récréation. Dans la **basse-cour**, à la ferme, on élève des poules, des oies, des canards, des dindons...

courir

Courir, c'est avancer en posant très, très vite un pied puis l'autre. Les chevaux, les chameaux, les autruches courent au trot ou au galop.

couronne

Une couronne est ronde. Elle a des bords et pas de fond. On la pose sur la tête des rois et des reines. Il y en a en carton pour ceux qui trouvent la fève dans la galette des Rois.

cousin

Nos cousins et nos cousines sont les enfants de nos oncles et de nos tantes.

couteau

Un couteau a un manche et une lame pour couper.

crabe

Un crabe est un petit animal qui vit dans la mer. Il a une peau très dure appelée carapace, deux pinces et huit pattes.

Tous sont des crabes, sauf un : lequel ?
Le tourteau, l'araignée, le scarabée.
(le scarabée)

cracher

Cracher, c'est faire sortir avec force ce qu'on a dans la bouche : de la salive, un noyau...

cravate

Une cravate, c'est un morceau de tissu plus large qu'un ruban qu'on fait passer sous le col d'une chemise et qu'on noue.

crêpe

Une crêpe est ronde, plate et très fine.

Une recette de crêpes : mélanger de la farine, des œufs et de l'eau ou du lait. Faire cuire dans une poêle d'un côté puis de l'autre.

creux

Dans un arbre creux, le tronc est vide au milieu. Une assiette creuse a des bords assez hauts pour qu'on y mette de la soupe sans qu'elle déborde.

crier

Crier, c'est parler d'une voix très forte. Le **cri** d'un animal, c'est ce qu'on entend de lui.

Quel est le cri du chat, du chien, de la girafe ?

(Miaou ; ouah ; la girafe est muette.)

crocodile

Un crocodile est un animal qui vit près des fleuves, dans les pays chauds. Il a des écailles, de grandes mâchoires, de petites pattes, mais il nage et il court vite. La femelle du crocodile pond des œufs.

♪ Ah, les crocrocro, les crocrocro,
Les crocodiles, sur les bords du Nil,
Ils sont partis, n'en parlons plus !

croquant

Une pomme croquante est à la fois juteuse et assez dure pour croquer sous la dent.

croquette

Une croquette, c'est du poisson, de la pomme de terre ou de la viande tassés et frits.

cuillère

Une cuillère a un manche et une partie creuse pour prendre la soupe, la farine, le sirop.

culotte

Une culotte est un vêtement qui s'enfile par les pieds et se remonte jusqu'au nombril. Elle protège le sexe et les fesses.

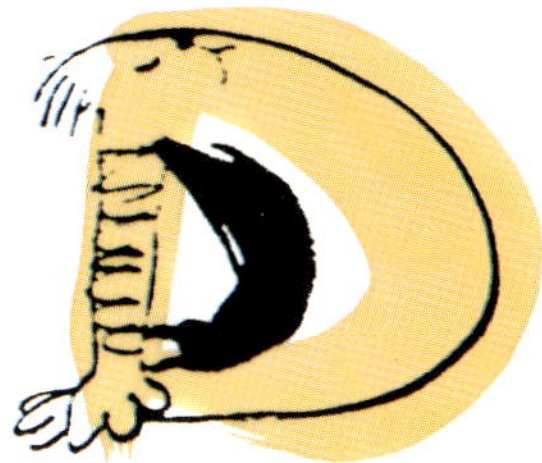

danser

Danser, c'est bouger sur une musique, faire des mouvements, des pas de danse. Pour les **danseurs** et les **danseuses**, danser, c'est un métier.

Sur le pont d'Avignon,
On y danse, on y danse,
Sur le pont d'Avignon,
On y danse tous en rond.

dauphin

Un dauphin est un animal qui vit dans la mer. Il vient respirer à la surface de l'eau. Il aime jouer avec les autres dauphins et avec nous, en s'approchant tout près des bateaux. Il peut mesurer trois mètres et se nourrit de poissons.

debout

Être debout, c'est se tenir droit sur ses pieds. Quand on n'est pas debout, on est assis ou couché.

a b c d e f g h i j k l m n o p q r s t u v w x y z

déchaîner

Quand la mer est déchaînée, les vagues vont dans tous les sens. Elles sont très hautes, le vent est très fort, c'est dangereux de naviguer.

dedans

Dedans, c'est à l'intérieur. Le contraire, c'est dehors.

Les trois petits cochons voulaient construire trois maisons pour vivre dedans. Chacun voulait la faire à sa manière... Mais dehors, le loup guettait...

défaire

Défaire un nœud, c'est le dénouer. Défaire une valise, c'est la vider et ranger ce qu'elle contient.

Est-ce qu'on peut défaire le puzzle qu'on a fini ? Et les nattes de sa petite sœur ?

défense

Défense de se balancer : on ne doit pas se balancer parce que c'est dangereux. Défense d'afficher : on ne doit pas coller d'affiches, ce n'est pas permis. Les **défenses** des éléphants sont les deux grandes dents en ivoire qui sortent de leur bouche. Les sangliers ont aussi des défenses.

délicieux

Un parfum délicieux sent très bon, on a du plaisir à le respirer. Un dessert délicieux est très bon, on a envie de le manger. Un **délice**, c'est ce qu'on trouve délicieux.

«Une chenille ? Humm, délicieux...» dit le hérisson. «Une glace à la vanille ? Humm, délicieux...» dit le garçon.

demain

Demain, c'est le jour qui suit aujourd'hui, le jour qui vient après cette nuit. Dans une histoire, le **lendemain**, c'est le jour d'après.

Cette nuit, le Père Noël va passer...
Quel jour sera-t-on demain ? (Noël)
Le bébé est né ce matin.
Quel âge aura-t-il demain soir ? (2 jours)

démêler

Démêler, c'est remettre en ordre ce qui s'est mélangé, ce qui a fait des nœuds.

Pour démêler nos cheveux, on se sert d'une brosse. Pour démêler ses plumes, le perroquet se sert de son bec ; pour démêler ses poils, le chat se sert de quoi ? (de sa langue)

demi

Une demi-pomme, c'est la moitié d'une pomme. Une pomme et demie, c'est une pomme entière et la moitié d'une autre pomme.
Une **demi-journée**, c'est la moitié d'une journée.

Il est 2 heures. Quelle heure sera-t-il dans une demi-heure? (2 heures et demie)

dent

Nos dents sont dans notre bouche, fixées à la mâchoire. Elles servent à couper, écraser et mâcher ce que nous mangeons. Nous avons d'abord des **dents de lait**. Vers six ans, quand elles tombent, de nouvelles dents poussent.
Les dents des chiens, des lions, des loups s'appellent des crocs.
Le peigne a des **dents**, des bouts pointus que l'on passe dans les cheveux.

Mon premier est un petit cube qu'on lance pour commencer à jouer.
Mon deuxième est le petit de la biche.
Mon troisième est à la fin de tasse.
Mon tout est une dent d'éléphant.
(défense / dé-fon-sse)

dentelle

La dentelle est un tissu très fin avec beaucoup de petits trous, qui forment parfois des dessins.

dernier

Si on est le dernier, il n'y a personne derrière, personne après. Le contraire, c'est premier. L'**année dernière**, c'est l'année d'avant cette année. L'**année prochaine**, c'est l'année d'après.

Ils étaient sept frères.
Le petit Poucet était le dernier.
Quand il naquit,
il n'était pas plus grand que le pouce.
C'est pour cela qu'on l'appela le petit Poucet.

descendre

Descendre, c'est aller du haut vers le bas. Pour descendre un escalier, on peut se tenir à la rampe. Le contraire, c'est monter.

Mon premier est avant la lettre b.
Mon deuxième, c'est 99 + 1.
Mon troisième est une fille qui a
les mêmes parents que moi.
Mon tout monte et descend.

(ascenseur / a-100-sœur)

désert

Un désert est une région où il ne pousse presque rien, parce qu'il fait très chaud ou très froid. Dans les déserts, il y a des oasis, des endroits où l'on peut vivre car il y a assez d'eau pour faire pousser des palmiers, des fruits, des légumes.

On les trouve dans le désert, sauf un : lequel ? Le cactus, le dromadaire, le crocodile ? (le crocodile)

désirer

Désirer, c'est vouloir, avoir envie.

Un roi et une reine désiraient avoir un enfant. Ils eurent une petite fille. On l'appela Blanche-Neige...

dessert

Un dessert, c'est ce qui est sucré et qu'on mange à la fin du repas. Les gâteaux, les glaces, les fruits sont des desserts.

Pour s'amuser, on peut dire « désert, dessert » de plus en plus vite.

dessin

Le dessin d'une fleur, c'est la forme d'une fleur faite au crayon ou au feutre. **Dessiner**, c'est faire un dessin.

... elle a tout mis sens dessus dessous ! ...

dessous

Être dessous, c'est être plus bas. **Au-dessous** du nez, il y a la bouche. Le contraire, c'est dessus.

dessus

Être dessus, c'est être plus haut. **Au-dessus** du nez, il y a le front. On peut être juste au-dessus, comme le couvercle au-dessus de la casserole, ou très haut, comme le ciel au-dessus de nous.

deux

2

2, c'est 1+1. On a deux yeux, deux mains. Quand on est **deuxième** à la course, c'est qu'il y en a un qui est arrivé avant.

devant

Être devant la porte, c'est être en face d'elle, prêt à entrer ou à sortir. Sur une chemise, les boutons sont devant, du côté de la poitrine. Le contraire, c'est derrière. Dans une voiture, les phares éclairent la route devant, du côté où l'on va.

Mettre un vêtement devant derrière, c'est se tromper et mettre le devant du côté du dos.

différent

Des couleurs différentes, ce sont des couleurs qui ne sont pas pareilles.

Le drapeau français est bleu, blanc, rouge.
Le drapeau italien est vert, blanc, rouge.
Qu'est-ce qui est différent ? (le bleu et le vert)

dindon

Un dindon est un oiseau qui vit à la ferme. On l'élève pour manger sa viande. Il est plus gros qu'un coq et fait la roue en dressant les plumes de sa queue. La **dinde** est la femelle du dindon, leurs petits sont les **dindonneaux**.

Le dindon glougloute : glouglou, glouglou !

dire

Dire, c'est prononcer des mots. Dire où l'on va, c'est l'expliquer avec des paroles.

Dans le jeu du « ni oui ni non », on ne doit dire ni oui ni non en réponse aux questions.

dix

10

10, c'est 9 + 1. On a dix doigts. Quand on est dans sa **dixième** année, c'est qu'on a déjà eu neuf anniversaires.

doigt

Nous avons cinq doigts au bout de chaque main. Ils nous servent à saisir les objets, tourner, pincer, appuyer... Chaque doigt a un nom : le pouce, l'index, le majeur, l'annulaire et l'auriculaire. Nos **doigts de pied** s'appellent aussi des orteils. Savoir un poème **sur le bout des doigts**, c'est le savoir très bien.

donner

Donner, c'est faire cadeau. **Donner les cartes**, c'est les distribuer. **Donner la main** à son papa, c'est mettre sa main dans la sienne pour marcher avec lui. La montre **donne l'heure**; grâce à elle on sait quelle heure il est.

dormir

Quand on dort, on a les yeux fermés, on ne bouge presque plus. Notre corps se repose, il se met au ralenti. Notre respiration est plus lente, notre cœur bat plus doucement, on fait des rêves.

Après que le Prince Charmant eut réveillé la Belle au bois dormant, un grand bal fut donné. Puis on se mit au lit. La princesse ne dormit pas beaucoup, elle n'en avait pas très envie !

... le dos crawlé est une nage ...

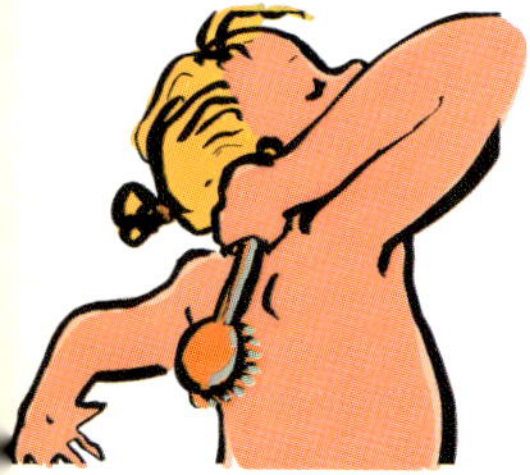

dos

Notre dos va du bas du cou jusqu'au-dessus des fesses. On peut le plier grâce à la colonne vertébrale qu'on sent au milieu. Le **dos d'une carte à jouer**, c'est le côté qu'on ne regarde pas quand on joue, c'est l'envers.

Mon premier a 365 jours.
Je dis mon deuxième quand je parle de moi.
On gagne mon troisième à la loterie.
Mon tout a des petites ailes dans le dos.
(angelot / an-je-lot)

douche

Dans la salle de bains, il y a une douche avec un tuyau et, au bout, un pommeau, une plaque percée de petits trous qui laissent passer l'eau comme une petite pluie. **Prendre une douche**, c'est se mettre sous le jet de la douche, sous l'eau qui coule, pour se laver.

doudou

Doudou est un mot gentil pour parler du tissu doux ou du joujou qu'on emporte partout quand on est petit, parce qu'il rassure, parce qu'il a une odeur qu'on aime.

a b c d e f g h i j k l m n o p q r s t u v w x y z

doux

Une peau est douce quand elle est lisse, agréable à toucher. Le contraire, c'est une peau rugueuse. Une voix est douce quand elle n'est pas forte et que cela nous plaît de l'entendre. La maîtresse est douce, elle est gentille et patiente. L'**eau douce**, c'est l'eau des fleuves, des rivières et des glaciers. Elle n'est pas salée, contrairement à l'eau de mer. **Doucement**, c'est sans bruit, en faisant très attention ou lentement.

Mon premier est la note qui est après ré.
Mon deuxième est la première lettre de kiwi.
Le cheval nous porte sur mon troisième.
On joue à mon tout en bougeant des bâtons longs et très fins tout doucement.
(mikado / mi-k-dos)

douze

12

12, c'est 11 + 1. Il y a douze mois dans l'année. Dans une **douzaine** d'œufs, il y a douze œufs. Quand on en est à la **douzième** page, c'est qu'il y en a onze avant.

On les vend par douzaine, sauf un : lequel ?
Les œufs, les huîtres, les champignons.
(les champignons)

dragon

Un dragon, dans les contes et les légendes, est un animal très grand, très fort. Il a une énorme tête, des griffes, des ailes et une queue de gros serpent.

Une légende chinoise raconte que le roi des mers est un dragon et qu'il a trois belles filles à marier...

drap

Un drap, c'est un grand tissu que l'on met sur le matelas d'un lit pour y dormir. On peut avoir deux draps, un drap de dessus et un drap de dessous. Un **drap de bain**, c'est une grande serviette pour se sécher.

À mon premier on noue son écharpe.
Mon deuxième s'entend à la fin de chouette.
Mon tout se met à la place du drap de dessus.
(couette / cou-ette)

droit

Une ligne droite est une ligne qui ne tourne pas ; on peut la tracer avec une règle.
Partir **tout droit**, comme une fusée, c'est partir en ligne droite, sans tourner. Un **angle droit**, c'est celui que font les deux barres du L quand elles se rencontrent.

droite

La droite, c'est du côté droit. Sur une montre, si on trace une ligne qui va du 12 au 6, le 3 est du côté droit. C'est facile, ça rime ! Sur le lavabo, l'eau fr**oi**de est à dr**oi**te.

dromadaire

Un dromadaire est un animal qui vit dans les déserts. Il mange peu et peut passer plusieurs jours sans boire. Il a une bosse sur le dos.

Ont-ils une bosse ou deux : le dromadaire ? (əun)
le chameau ? (xnəp)
Polichinelle ? (xnəp)

dur

Du pain dur est difficile à couper et à manger, comme s'il était en bois. Pédaler jusqu'en haut de la côte, c'est dur, c'est difficile. **Être dur** avec les élèves, c'est être trop sévère avec eux. **Un dur**, c'est celui qui dit qu'il n'a peur de rien, que rien ne lui fait de la peine.

Une poule sur un mur
Qui picote du pain dur...
Picoti, picota...
Lève la tête et puis s'en va !

eau

L'eau coule, c'est un liquide. Elle est transparente, elle n'a pas d'odeur, pas de goût, sauf l'eau de la mer, qui est salée. À cause du froid, l'eau se transforme en neige ou en glace. L'**eau potable** est l'eau qu'on peut boire sans danger.

À la claire fontaine,
M'en allant promener,
J'ai trouvé l'eau si belle
Que je m'y suis baignée...

écharpe

Quand on s'habille pour sortir et qu'il fait froid, on met une écharpe autour du cou, une bande de tissu léger ou en laine.

éclair

Un éclair est une lumière très forte et très rapide qui apparaît pendant l'orage et dessine un zig-zag dans le ciel. On le voit un peu avant d'entendre le bruit du tonnerre.

Un **voyage éclair**, c'est un voyage qui dure très peu de temps.

écouter

Écouter, c'est faire attention à ce qu'on entend, les paroles, la musique, les bruits…
Écouter, c'est aussi faire ce qu'on nous dit.

Ses sœurs lui ont dit de ne pas aller chez la sorcière mais elle ne les a pas écoutées… Qui est-ce : Blanche-Neige, Boucle d'Or ou la Petite Sirène ? (la Petite Sirène)

écran

Un écran, au cinéma, c'est le rectangle sur un mur de la salle où l'on voit le film. L'écran de la télévision ou de l'ordinateur, c'est l'endroit où apparaissent les images ou les textes.

écureuil

Un écureuil est un petit animal qui vit dans les arbres. Il ronge et grignote des graines, des petits fruits, des noisettes. Il a un pelage brun-roux ou gris et une longue queue.

s'élancer

S'élancer sur une balançoire, c'est tendre les jambes quand on va vers l'avant et les replier quand on va en arrière pour aller encore plus haut. On s'élance aussi avant de sauter.

élastique

Un élastique est un ruban en caoutchouc qui s'allonge quand on le tire et redevient comme avant quand on le lâche.

électronique

Un circuit électronique utilise de l'électricité pour faire des images et des sons. Les jeux vidéo, les calculatrices ont des circuits électroniques.

éléphant

Un éléphant est un animal très grand et très gros qui vit en Afrique ou en Asie. Avec sa trompe, il attrape ce qu'il mange et le met dans sa bouche. Avec ses défenses, ses grandes dents de devant, il peut déraciner un arbre ! L'**éléphanteau** est le petit de l'éléphant.

♪ Un éléphant, ça trompe, ça trompe,
Un éléphant, ça trompe énormément !

embrasser

Embrasser, c'est donner un ou plusieurs baisers. Pour s'embrasser très fort, on se serre dans les bras.

Nous n'irons plus au bois,
Les lauriers sont coupés,
La belle que voilà ira les ramasser.
Entrez dans la danse, voyez comme on danse,
Sautez, dansez, embrassez qui vous voudrez !

émission

Une émission, c'est ce qu'on voit à la télévision, ce qu'on entend à la radio. On lit le programme pour choisir l'émission que l'on veut regarder ou écouter.

emmener

Emmener quelqu'un, c'est l'accompagner, le conduire d'un endroit à un autre.

Peter Pan emmène Wendy et ses petits frères à travers les airs, vers le Pays des Enfants perdus...

emmitoufler

Emmitoufler, c'est envelopper pour garder bien au chaud.

a b c d e f g h i j k l m n o p q r s t u v w x y z

encore

Encore veut dire que quelque chose continue : chut ! le bébé dort encore... Encore veut dire que quelque chose s'est passé une fois de plus : le chien a encore fait pipi ! Encore veut dire en plus, une nouvelle fois : s'il te plaît, raconte-moi encore une histoire !

enfant

Être un enfant, c'est avoir moins de treize ans. À treize ans à peu près, notre corps se transforme, on devient adolescent et, plus tard, adulte. Avoir un enfant, c'est avoir un fils ou une fille. Nos parents sont les enfants de nos grands-parents, et nous, nous sommes les **petits-enfants** de nos grands-parents.

enfoncer

Enfoncer, c'est pousser, appuyer fort sur un côté. Le contraire, c'est arracher. **S'enfoncer** dans la forêt, c'est aller loin dans la forêt.

Est-ce facile ou difficile à enfoncer :
une balle de ping-pong dans l'eau ? (difficile)
une fève dans la galette ? (facile)
une pelle dans la neige fraîche ? (facile)

ensuite

Ensuite, c'est après. On met ses chaussettes et ensuite ses chaussures. Le contraire, c'est d'abord.

entendre

On entend les voix, la musique, les bruits avec nos oreilles. **Bien s'entendre**, c'est être amis, se comprendre.

♪ Loup y'es-tu ? M'entends-tu ?
Que fais-tu ?
Je mets ma culotte !

entre

Être assis entre sa mère et son père, c'est être assis au milieu d'eux. 2, 3, 4 sont les chiffres qui sont entre 1 et 5, en allant de 1 à 5. Entre bleu clair et bleu marine, c'est ni tout à fait bleu clair, ni tout à fait bleu marine.

♪ Entre les deux, mon cœur balance,
Je ne sais pas lequel aimer des deux...

entrée

La porte d'entrée est la porte par laquelle on entre, on va à l'intérieur d'une maison ou d'un appartement.

épée

Une épée sert à se battre, c'est une arme. L'épée des chevaliers a une lame longue et plate et une poignée. L'épée des escrimeurs a une lame fine.

épine

Les épines sont les petites pointes piquantes qui sont sur la tige des roses, les branches des ronces... Si on s'est piqué et qu'on a une épine dans le doigt, on la retire tout doucement avec une pince à épiler bien propre.

éplucher

Éplucher un fruit ou un légume, c'est lui enlever la peau, avec ou sans couteau.

Mon premier n'est pas non.
Le serpent fait mon deuxième.
Mon troisième est au bout de confetti.
Mon quatrième est le même que mon troisième.
Mon tout épluche les cacahouètes.

(ouistiti / oui-sss-ti-ti)

escalier

Un escalier sert à monter ou descendre à pied des étages. Il est fait de plusieurs marches ; à chaque pas, on change de marche. Un **escalier roulant** a des marches qui montent ou qui descendent automatiquement.

escargot

Un escargot est un petit animal qui rampe pour avancer. Il a une coquille sur le dos et quatre cornes qu'il peut bouger, sortir ou rentrer, deux petites pour toucher et deux plus longues terminées par des yeux.

Escargot de Bourgogne,
Montre-moi tes cornes !

espace

L'espace où part la fusée, c'est très loin dans le ciel, à des millions de kilomètres, là où sont les planètes et les étoiles. L'espace, c'est aussi la place qu'on a, la place qu'on prend. Pour jouer au football, il faut un grand espace. Un **espace vert**, dans une ville, c'est un endroit où l'on a planté de l'herbe, et parfois des arbres, des fleurs.

Ils tournent dans l'espace, sauf un : lequel ?
Le satellite, le vaisseau spatial, la Lune,
le sous-marin. (le sous-marin)

essuyer

Essuyer, c'est sécher ce qui est mouillé, ou enlever la poussière, la saleté avec un chiffon.

et

Et sert à réunir deux mots : bonne et heureuse année !... ou deux phrases : ils se marièrent et eurent beaucoup d'enfants.

étage

Dans un immeuble, il y a plusieurs étages, avec plusieurs appartements les uns au-dessus des autres. Chaque étage a un numéro.

Ils peuvent avoir plusieurs étages, sauf un : lequel ?
L'immeuble, la maison, le vélo, la fusée. (le vélo)

étang

Un étang est une étendue d'eau, plus grande qu'une mare. Il sert d'abri à beaucoup d'animaux, poissons, insectes, grenouilles, ou oiseaux qui se posent sur les roseaux.

été

L'été est la saison qui va du 21 ou 22 juin au 22 ou 23 septembre. C'est la saison la plus

chaude de l'année. Les tomates, les framboises, les pêches mûrissent. Avant l'été, c'est le printemps, après, c'est l'automne.

s'**étirer**

Quand les lèvres s'étirent, elles deviennent plus longues. Quand le chat s'étire, il allonge ses pattes, il arrondit le dos pour mieux se réveiller.

étoile

Une étoile brille dans le ciel, la nuit.
Du côté de la Terre où se trouve le pôle Nord, l'étoile la plus brillante est l'étoile Polaire.
Elle indique le nord. Du côté de la Terre où se trouve le pôle Sud, l'étoile qui indique le sud s'appelle la Croix du Sud.
On dessine une étoile en lui faisant cinq pointes appelées branches.
Un ciel **étoilé** est un ciel où l'on voit les étoiles, la nuit, parce qu'il n'y a pas de nuages.

Mon premier est le contraire de grande.
Mon deuxième est la maman des oursons.
Mon tout est le groupe d'étoiles, la constellation où se trouve l'étoile Polaire.

(la Petite Ourse / petite-ourse)

étoile de mer

L'étoile de mer est un petit animal qui vit dans la mer et ressemble à une étoile, avec cinq bras qui lui servent à se déplacer.

éventail

Un éventail est fait de papier ou de tissu tendu sur de petites baguettes qui se replient. On le déplie et on l'agite quand il fait chaud pour faire un peu de vent.

exactement

Exactement devant la porte, c'est juste devant la porte.

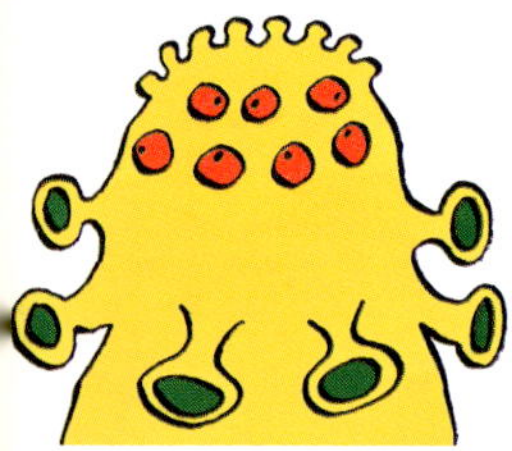

extraterrestre

Dans les histoires, les extraterrestres sont ceux ou celles qui viennent de l'espace, d'une autre planète que la Terre, comme Mars ou Jupiter.

Les canards nagent dans mon premier.
Mon deuxième n'est pas le mien,
ni le tien, mais le...
Mon tout est un extraterrestre.
(martien / mare-sien)

F

fâché

On est fâché quand on n'est pas content et qu'on le montre. Quand on est fâché avec quelqu'un, on n'est plus son ami, on ne s'entend plus avec lui.

« Qui a touché mon assiette ? » dit Papa Ours de sa grosse voix, de plus en plus fâché...

faim

Avoir faim, c'est sentir qu'on a besoin de manger. Avoir une **faim de loup**, c'est avoir très faim et envie de manger beaucoup.

famille

Voir la page suivante.

fantastique

Des histoires fantastiques racontent des aventures extraordinaires, qui n'arrivent pas dans la réalité. Les animaux fantastiques n'existent que dans les contes et les légendes, comme le dragon.

famille

Dans une famille, il y a des parents, des enfants, des grands-parents, et parfois des oncles, des tantes, des cousins. Chaque enfant a une famille : un père et une mère, deux grands-pères et deux grands-mères, même s'il ne les connaît pas.

fantôme

Un fantôme, dans les histoires, est invisible ou couvert d'un drap blanc. Il passe à travers les murs, apparaît ou disparaît quand il veut et parfois fait « hou ! hou ! ».

fée

Une fée, dans les contes et les légendes, a des pouvoirs magiques pour faire tout ce qu'elle veut. Elle a souvent une baguette qu'elle agite en prononçant des formules magiques.

Morgane, Mélusine, Clochette, Carabosse sont des fées.

fermé

Un œil est fermé quand la paupière est baissée : on ne peut plus voir. Quand une porte est fermée, on ne peut plus entrer. Le contraire, c'est ouvert. L'école est fermée : il n'y a plus d'école, on est en vacances.

fesse

Nos fesses sont en bas du dos, en haut des jambes. On s'appuie dessus pour s'asseoir. Donner une **fessée**, c'est taper sur les fesses.

feu

Le feu, c'est la chaleur et la lumière des flammes lorsque quelque chose brûle. Un feu, c'est aussi un incendie, quand des maisons ou des arbres brûlent. On appelle en urgence les pompiers pour éteindre un feu.

feu rouge

Un feu rouge, c'est la lumière rouge qui apparaît sur les poteaux de chaque côté de la rue quand il y a un croisement. Quand le feu est rouge, les voitures, les motos, les vélos doivent s'arrêter pour laisser passer les piétons.

Traverser la rue, c'est difficile.
On donne la main à un adulte, on obéit aux gestes de l'agent qui nous fait traverser.

feu vert

Quand le feu est vert, les voitures ont le droit de passer. Les piétons doivent attendre sur le trottoir.

feuille

Les feuilles poussent sur les branches des arbres et les tiges des plantes. Elles sont vertes au printemps et en été. En automne, elles deviennent jaunes ou rouges et tombent. Une **feuille de papier**, c'est un morceau de papier pour écrire ou dessiner.

La feuille d'automne,
Emportée par le vent,
En ronde monotone,
Tombe en tourbillonnant...

fille

Une fille est un enfant du sexe féminin. On est la fille de ses parents quand on est une fille et qu'on est leur enfant.

Un père avait trois filles. Comme il partait en voyage, les deux aînées lui demandèrent de leur rapporter des cadeaux magnifiques. La plus jeune, qu'on appelait la Belle, ne voulait qu'une rose...
C'est le début du conte la Belle et la Bête.

fils

On est le fils de ses parents quand on est un garçon et qu'on est leur enfant.

fleurir

Un arbre fleurit quand des fleurs apparaissent sur ses branches. Le nénuphar fleurit quand sa fleur s'ouvre.

flotter

Flotter sur l'eau, c'est rester à sa surface, ne pas s'enfoncer. Flotter dans l'air, c'est être agité par le vent.

Ils peuvent tous flotter dans l'air, sauf un : lequel ? Le brouillard, le bateau, l'odeur du chocolat, le drapeau. (le bateau)

fois

Quand on dit : non, non et non !, on dit trois fois non. Si une histoire commence par « **il était une fois**... », c'est un conte, comme *Cendrillon* ou *Aladin et la lampe merveilleuse*. **Parfois**, c'est de temps en temps, pas tout le temps.

fond

Le fond de la piscine, c'est tout en bas, sous l'eau. Le fond de la classe, c'est le côté le plus loin du tableau ou de la place du maître. Le fond d'un pantalon, c'est le tissu qui couvre les fesses.

fondant

Une poire est fondante quand elle est bien mûre et si tendre sous la dent qu'on n'a presque pas besoin de la croquer.

fondre

Le savon fond dans l'eau douce : il se mélange à l'eau. La neige fond au soleil, elle se transforme en eau.

Ils fondent tous, sauf un : lequel ? Le sucre, le pain, la glace, la bougie, les bonbons. (le pain)

forêt

Une forêt est un endroit où beaucoup d'arbres poussent très près les uns des autres.

Dans le Livre de la jungle, *les animaux de la forêt sont les amis de Mowgli, sauf le tigre Shere Khan et le serpent python Kaa...*

fort

On est fort quand on peut porter un sac lourd. On est fort en dessin quand on dessine bien. Le vent est fort quand il souffle avec violence. Le contraire, c'est faible. Quand on chante fort, on nous entend de loin. Le contraire, c'est doucement.

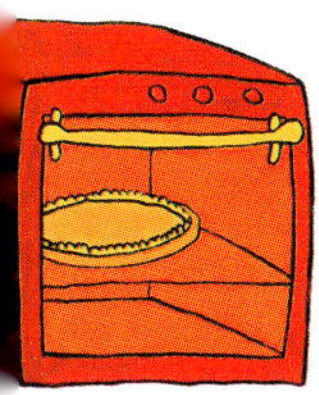

four

Dans la cuisine, le four est fermé par une porte et chauffe très fort quand il est allumé. On y met un poulet, un gâteau pour les faire cuire.

fourchette

Une fourchette a quatre dents et un manche. On s'en sert pour piquer et porter à la bouche ce qu'on veut manger.

frais

Quand **il fait frais**, le soir, on a moins chaud que dans la journée, et même un peu froid. **Garder au frais**, c'est garder là où il fait frais, froid ou très froid, à l'ombre, à la cave ou au réfrigérateur. Des légumes et des fruits frais ont été cueillis il n'y a pas longtemps, des œufs frais viennent d'être pondus, du pain frais vient d'être cuit.

Une recette de salade de fruits :
prendre des fruits frais, les laver, les couper
en petits morceaux dans un saladier.
Parfumer avec de la menthe fraîche.

fraise

Une fraise est un fruit. Elle est petite, rouge, avec un bout un peu pointu. Elle pousse dans les champs ou les jardins sur le **fraisier**, près du sol. On se baisse pour la cueillir. Elle est sucrée et parfumée. Une **fraise des bois** est plus petite, parfois plus parfumée qu'une fraise.

frère

Notre frère, c'est le garçon qui a les mêmes parents que nous. Notre **demi-frère**, c'est celui qui a le même père ou la même mère que nous.

♪ Fais dodo, Colas mon p'tit frère
Fais dodo, tu auras du lolo...

froid

Du lait froid n'a pas été chauffé. La neige est froide. **Il fait froid** quand il faut mettre un vêtement de laine ou un manteau pour sortir et allumer le chauffage dans les maisons.

Quand il fait froid pour nous, il fait bon pour les pandas, qui adorent le temps froid.

froncé

On a les sourcils froncés quand on les rapproche en les baissant un peu.

front

Notre front est tout en haut du visage, au-dessus des yeux et des sourcils.

Il y en a sur le front des vaches : des antennes, des cornes ou des clochettes ? (des cornes)

a b c d e f g h i j k l m n o p q r s t u v w x y z

frotter

Frotter les poils de la brosse à dents contre les dents, c'est les appuyer sur les dents et passer plusieurs fois la brosse. Quand on fait une tache, on la frotte avec du savon pour la faire partir.

Quand le chat se frotte l'oreille
cinq ou six fois,
c'est qu'il va pleuvoir, ma foi !

furibond

On est furibond quand on est très fâché.

fusée

Une fusée monte très haut dans le ciel. Elle sert à lancer dans l'espace des satellites, des engins qui tournent autour de la Terre ou des vaisseaux spatiaux qui emmènent des cosmonautes.
Une fusée de feu d'artifice est un tube rempli de poudre qu'on allume pour l'envoyer vers le ciel. Elle éclate en faisant des étincelles et des traces lumineuses de toutes les couleurs.

Partir comme une fusée, c'est s'envoler, partir très vite ou se sauver ?

(partir très vite)

galette

Une galette est un gâteau rond et plat.
C'est aussi une crêpe de blé noir.

Dans la galette des Rois,
Une fève est cachée.
Celui qui la trouvera
Aura une couronne dorée.

galop

Quand un cheval ou un zèbre court au galop, il court le plus vite qu'il peut, il **galope**.

gant

On enfile des gants en glissant chaque doigt dedans. Les gants protègent les mains du froid. Les dentistes, les jardiniers, les cosmonautes mettent des gants pour travailler.
Aller comme un gant, c'est aller parfaitement.

D'un coup de baguette magique, la fée transforme Cendrillon : sa robe de bal lui va comme un gant...

garçon

Un garçon est un enfant du sexe masculin. Dans un café, un **garçon de café** apporte aux clients ce qu'ils ont commandé.

garder

Garder un enfant, c'est lui tenir compagnie, s'occuper de lui. Garder le beurre au frais, c'est le mettre dans un réfrigérateur pour qu'il ne fonde pas. Garder un secret, c'est ne pas le dire.

gâteau

Un gâteau est fait avec du sucre, de la farine, des œufs, du beurre qu'on a mélangés, mis dans un moule et cuits. On le mange pour le dessert.

**Qu'est-ce qui est un gâteau
et qu'est-ce qui n'en est pas :
un éclair, une corne de gazelle, un zigzag ?**

(Un zigzag ne se mange pas!)

gauche

La gauche, c'est du côté où bat le cœur. Sur une montre, si on trace une ligne qui va du 12 au 6, le 9 est du côté gauche. Sur le lavabo, l'eau ch**au**de est à g**au**che.

génie

Un génie, dans les contes et les légendes, a des pouvoirs magiques et fait ce que son maître lui dit. Pour devenir le maître d'un génie, il faut savoir la formule magique qui le rend esclave.

Aladin ne savait pas que, dans la lampe qu'il frottait, un génie était prisonnier.

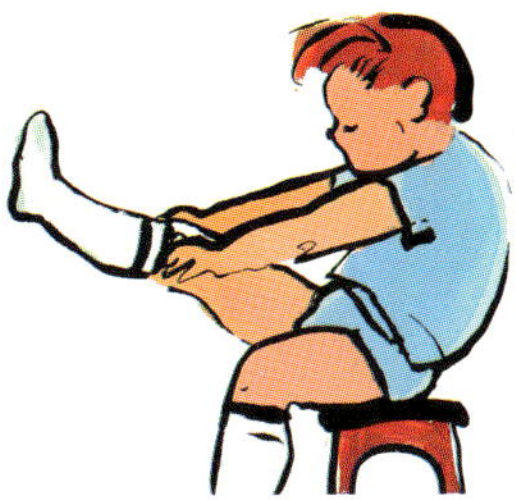

genou

Nos genoux sont au-dessous des cuisses et servent à plier les jambes. **S'asseoir sur les genoux** de son grand-père, c'est s'asseoir sur ses cuisses, quand il est assis. **S'agenouiller**, c'est mettre les genoux par terre et se tenir appuyé dessus.

girafe

Une girafe est un animal très grand qui vit en Afrique. Grâce à son très long cou, elle peut brouter les feuilles des arbres. Elle a deux petites cornes, elle court vite et elle est muette.

Mon premier est après le i.
Mon deuxième est un petit animal gris.
Mon troisième est dans un verre, en bas.
Mon tout est le petit de la girafe.

(girafon / i-rat-fond)

gland

Le gland est le fruit du chêne. Il a l'air d'avoir un petit bonnet, c'est sa cupule. Elle entoure une partie de la graine et tient à la branche par une petite queue. Dans la forêt, les sangliers, les écureuils mangent les glands tombés par terre.

glisser

Glisser sur le toboggan, c'est suivre sa pente lisse, se laisser aller sans être retenu. Glisser sur la neige, sur la glace, c'est se laisser aller sans se retenir, faire des **glissades**.

gourmand

Un gourmand, une gourmande aiment manger de bonnes choses. Manger **par gourmandise**, c'est manger sans avoir faim, juste pour le plaisir.

L'ours est gourmand.
Est-ce qu'il aime les fruits ? (¡!no)
Est-ce qu'il aime le poisson ? (¡!no)
Est-ce qu'il aime le miel ? (¡!no ¡!no ¡!no)

grand

Un enfant est grand s'il dépasse ceux de son âge. Une table est grande s'il y a de la place autour pour beaucoup de gens. Le contraire, c'est petit. À la maternelle, la **classe des grands**, c'est la classe des enfants les plus âgés. **Être grand**, c'est aussi ne plus être un petit enfant. Un **grand jour**, c'est un jour important, un jour qu'on attend. **Grandir**, c'est devenir plus grand.

Alice au pays des merveilles a tellement grandi en mangeant un bout de champignon magique que sa tête sort par la cheminée de la maison !

grand-mère

Nos deux grands-mères sont la mère de notre père et la mère de notre mère. On appelle ses grands-mères Mémé, Mamie, Grand-Mère, on invente pour elles des noms : Nine, Mamika...

grand-père

Nos deux grands-pères sont le père de notre père et le père de notre mère. On appelle ses grands-pères Pépé, Papy, Grand-Père, on invente pour eux des noms : Papounet, Papijo...

grands-parents

Nos grands-parents sont nos grands-mères et nos grands-pères.

gratter

Gratter, c'est frotter avec les ongles, les griffes ou avec quelque chose de dur. Une chemise qui gratte picote la peau, donne envie de **se gratter**.

Mon premier est avant le b.
Mon deuxième s'entend au début de lutin.
Mon troisième est après le mois d'avril.
Mon quatrième s'entend à la fin de tête.
Mon tout s'allume quand on la gratte.
(allumette / a-lu-mai-te)

grenouille

Une grenouille est un animal qui vit au bord des mares et des étangs. Elle saute et nage grâce à ses pattes arrière longues et palmées.
Les grenouilles pondent dans l'eau des œufs d'où naissent des **têtards**. Ils n'ont pas de pattes mais une longue queue, puis ils se transforment peu à peu en grenouilles.

Qui fait «côa»? C'est la grenouille.
Qui fait «crôa»? C'est le corbeau.

griffer

Griffer, c'est donner un coup d'ongle ou de griffe, égratigner avec quelque chose de pointu.

grignoter

Grignoter, c'est manger petit à petit, du bout des dents, comme une souris.

gris

Le gris est la couleur des trottoirs, du sol dans la cour de récréation, des nuages quand il va pleuvoir. En peinture, on fait du gris en mélangeant du blanc et du noir.

Sur la banquise,
Une souris grise fait sa valise.
Bises !

gros

Un gros gâteau, c'est un gâteau avec lequel on peut faire beaucoup de grandes parts. Un gros bébé, c'est un bébé qui pèse lourd. Un gros baiser, c'est un baiser qui dure longtemps.
Un gros chagrin, c'est un chagrin qui nous fait beaucoup pleurer. Le **gros orteil**, c'est le plus grand, le plus large des orteils. On l'appelle aussi le pouce. Les **gros mots** sont des mots qu'on dit quand on est en colère ou quand on est impoli.
Grossir, c'est devenir plus gros. Le contraire, c'est maigrir.

hanter

Le fantôme hante le château, il apparaît
et disparaît.

haut

Un immeuble haut a beaucoup d'étages.
Des herbes hautes sont grandes, on peut s'y cacher. L'avion vole haut dans le ciel, il vole très loin au-dessus de la Terre. Parler **tout haut**, c'est parler assez fort pour que tout le monde entende.

Là-haut sur la montagne,
Était un vieux chalet...

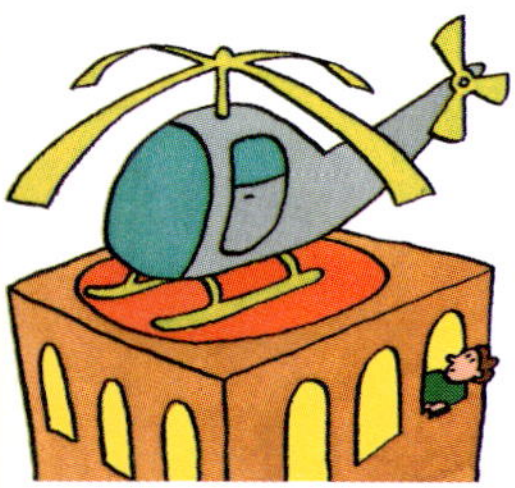

hélicoptère

Un hélicoptère vole grâce à l'hélice qui est sur son toit. Il décolle et atterrit à la verticale, tout droit.

herbe

L'herbe est verte. Elle pousse dans les prés, dans le jardin. Les **mauvaises herbes** sont celles qu'on arrache pour laisser pousser ce qu'on a planté. Un **herbivore** est un animal qui mange de l'herbe et des feuilles, comme la vache, le chameau, le kangourou, la girafe...

Une souris verte,
Qui courait dans l'herbe,
Je l'attrape par la queue,
Je la montre à ces messieurs...

héros

Les héros et les **héroïnes** d'un conte ou d'une histoire sont les personnages les plus importants. Un héros, c'est aussi quelqu'un qu'on admire parce qu'il a été très courageux.

Dans *Blanche-Neige et les sept nains*, qui est l'héroïne ? (Blanche-Neige)

heure

On mesure le temps en heures : de minuit aujourd'hui à minuit demain, il y a 24 heures, c'est un jour. **Lire l'heure**, c'est lire les nombres en face des aiguilles d'une montre. **De bonne heure**, c'est tôt.

Quelle heure est-il, Madame Persil ?
Une heure et quart, Madame Placard...

a b c d e f g h i j k l m n o p q r s t u v w x y z

hibou

Un hibou est un oiseau qui vit la nuit. Il a deux aigrettes, des petites plumes dressées sur la tête. Il chasse les souris.

Le hibou hulule : fait-il hou hou, coucou ou piou piou ? (¡ noɥ noɥ)

hier

Hier est le jour d'avant aujourd'hui. **Avant-hier**, c'est deux jours avant aujourd'hui.

On est lundi ; quel jour était-on hier, et avant-hier ?

histoire

Une histoire raconte quelque chose qui s'est vraiment passé, ou qui a été inventé.

hiver

L'hiver est la saison qui va du 21 ou 22 décembre au 20 ou 21 mars. C'est la saison la plus froide, mais les jours commencent à s'allonger. Avant l'hiver, c'est l'automne, après, c'est le printemps.

8

huit

8, c'est 7 + 1. Quand on est au **huitième** rang, il y en a sept devant.

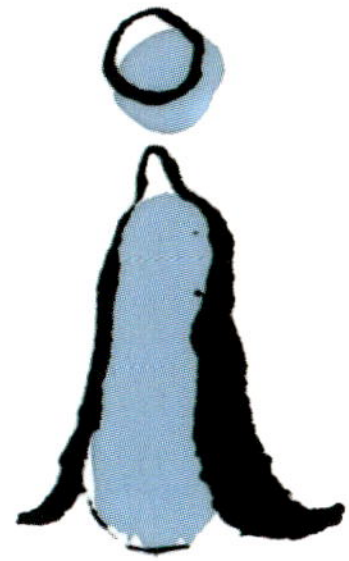

ici

Ici, c'est l'endroit où l'on est. « Viens ici », viens là où je suis.

Il court, il court, le furet,
Le furet du bois joli,
Il est passé par ici,
Il repassera par là.

idée

Avoir une idée, c'est penser à une chose qu'on pourrait faire. Pique-niquer, quelle bonne idée !

immeuble

Dans la ville, un immeuble est un grand bâtiment avec beaucoup d'appartements sur plusieurs étages.

intérieur

Être à l'intérieur de la maison, c'est être dans la maison. Le contraire, c'est à l'extérieur.

jamais

Ne jamais oublier, c'est ne pas oublier une seule fois. Le contraire, c'est toujours.

♪ Il y a longtemps que je t'aime,
Jamais je ne t'oublierai...

jambe

Nos deux jambes vont des fesses jusqu'aux pieds. Elles servent à marcher, à courir, à danser.
Le **jambon**, c'est la viande qu'on fait avec le haut des pattes du cochon.

jardin

Un jardin, c'est l'endroit, autour d'une maison, où poussent des fleurs, des légumes, des arbres, de la pelouse. Dans la ville, un **jardin public** a des arbres, des pelouses et des jeux pour les enfants.

**Est-ce qu'elles poussent dans un jardin :
les salades, les roses, les pâtes ?**

(oui, oui, non!)

jaune
Le jaune est la couleur du citron, du cœur de la pâquerette, du soleil et de l'or. Dans un œuf, le jaune est au milieu. **Jaunir**, c'est devenir jaune, comme les feuilles en automne.

jean
Un jean, c'est un pantalon en coton très solide. Sa couleur est souvent bleu clair ou bleu marine.

jet
Un **jet d'eau**, c'est de l'eau qui s'élève et retombe.

joue
Nos joues sont sous les yeux, des deux côtés du nez et de la bouche.

Mon premier est un fruit croquant.
Mon deuxième s'entend à la fin de trompette.
Mon tout est le nom du haut des joues.
(pommette / pomme-ette)

jouer
Jouer dans la cour, c'est s'amuser, faire des jeux. Jouer de la flûte, c'est se servir d'une flûte pour faire de la musique.

joufflu

Être joufflu, c'est avoir des joues bien rondes.
Des fesses joufflues sont bien rondes elles aussi.

jour

Le jour, c'est le temps entre le lever et le coucher du soleil. Du coucher au lever du soleil, c'est la nuit. **Il fait jour**, le soleil nous éclaire.
Un jour, c'est aussi 24 heures, de minuit à minuit.

Quel jour sommes-nous : lundi, mardi, mercredi, jeudi, vendredi, samedi ou dimanche ?

journée

Une journée, c'est le temps entre le moment où l'on se lève et celui où l'on se couche.

jumeau

Des jumeaux ou des **jumelles** sont deux enfants qui sont nés le même jour et qui ont les mêmes parents. Parfois, ils se ressemblent beaucoup.
Des **lits jumeaux** sont exactement pareils.

jupe

Une jupe est un vêtement qui va de la taille jusqu'au-dessus ou au-dessous des genoux.

juste

Être juste, c'est n'être ni trop gentil, ni trop sévère. Le contraire, c'est injuste. **Chanter juste**, c'est chanter sans fausse note. **Donner la réponse juste**, c'est donner la bonne réponse. Le contraire, c'est faux. Arriver juste au-dessous des genoux, comme les chaussettes, c'est arriver exactement au-dessous des genoux, ni plus haut, ni plus bas.

kangourou

Un kangourou est un animal qui vit en Australie. Il mange de l'herbe et des feuilles. Il fait des bonds pour avancer. La femelle a une poche sur le ventre où grandit son petit.

kiwi

Un kiwi est un fruit. Il est brun à l'extérieur et vert à l'intérieur. Il pousse sur un petit arbre.

Un kiwi pour le dessert ? On l'épluche ou on le mange à la cuillère ? Comme chacun préfère !

a b c d e f g h i j k l m n o p q r s t u v w x y z

là

Là, c'est un endroit qu'on montre. **Là-haut**, c'est au-dessus de nous, vers le haut.

« Passe plutôt par là » dit le loup au Petit Chaperon rouge. Or c'était le chemin le plus long...

laine

On fait de la laine avec les poils des moutons et d'autres animaux, comme la chèvre ou le chameau. Elle tient bien chaud.

laisser

Laisser son parapluie à la maison, c'est ne pas le prendre. **Se laisser** rouler quand on fait du vélo dans une descente, c'est rouler sans pédaler.

lait

Les bébés tètent le sein de leur maman ou leur biberon pour boire du lait, un liquide blanc très nourrissant, qui leur permet de grandir. On boit le lait des vaches et d'autres animaux, et on s'en sert pour faire de la crème, des yaourts, du beurre.

Ils boivent le lait de leur mère, sauf un : lequel ?
Le veau, l'éléphanteau, le baleineau, le souriceau, l'escargot. (l'escargot)

laitue

Une laitue est une salade qui a des feuilles larges et vertes à l'extérieur, plus petites et plus pâles à l'intérieur.

lampe

Une lampe sert à éclairer. Elle fonctionne avec de l'électricité. Une **lampe de poche** fonctionne avec des piles, une **lampe à huile** avec de l'huile.

langue

Notre langue est dans la bouche. Elle sert à parler et à sentir le goût de ce qu'on mange. Les mots qu'on utilise pour se faire comprendre forment **une langue**. Chaque pays en a une ou plusieurs.

En français, le coq fait « cocorico » ;
en quelle langue fait-il « cock-a-doodle-do » ?
(en anglais)

lavabo

Dans la salle de bains, un lavabo est placé contre le mur. Il est creux. On peut le fermer pour retenir l'eau qui coule du robinet. On se lave les mains, les dents au-dessus d'un lavabo.

laver

Laver, c'est nettoyer avec seulement de l'eau. C'est aussi nettoyer avec de l'eau et du savon ou de la lessive. On se lave les cheveux avec du shampoing, les dents avec du dentifrice.

Une légende chinoise raconte que lorsqu'on ne voit pas la lune dans le ciel, les nuits sans lune, c'est qu'elle est partie laver son enfant dans la rivière.

lever

Lever une jambe, un bras, c'est les mettre plus haut que là où ils étaient. **Se lever**, c'est se mettre debout ou sortir de son lit.

lèvre

Nos lèvres sont les bords de la bouche, une en haut, l'autre en bas. On peut les arrondir, les serrer, les étirer. **Manger du bout des lèvres**, c'est manger très peu parce qu'on n'en a pas envie.

lion

Un lion est un animal qui vit en Afrique. Il est grand, il a une crinière, de grands poils autour de la tête et du cou. La **lionne** est la femelle du lion. C'est elle qui chasse pour le lion et leurs petits, les **lionceaux**.

lire

Lire, c'est reconnaître les mots qui sont écrits et les comprendre. On lit à haute voix ou dans sa tête.

lit

Un lit est fait pour se coucher et dormir.
Le **lit de la rivière**, c'est le creux dans lequel elle coule.

Une princesse très délicate trouvait son lit bien dur. Et pourquoi ? Parce qu'on avait caché un petit pois sous les sept matelas !

livre

Un livre a des pages et une couverture. Sur les pages, une histoire est écrite ou dessinée ; sur la couverture, il y a le titre. On peut emprunter des livres à la bibliothèque de l'école, dans celle de son quartier, ou les acheter dans une librairie.

a b c d e f g h i j k l m n o p q r s t u v w x y z

loin

Être loin de l'école, c'est avoir un long chemin à faire pour y aller. Le contraire, c'est près.

Pour voir les étoiles très loin, on se sert d'un télescope ou d'un microscope ? (d'un télescope)

long

Une robe longue va jusqu'aux pieds. Un film est long quand il dure longtemps. Quand on attend ou quand on s'ennuie, on trouve que le temps est long, qu'il passe lentement. Le contraire, c'est court. Marcher **le long** des maisons, c'est marcher en passant près des maisons.

loup

Un loup est un animal qui vit dans les forêts, en Europe de l'Est, en Asie et en Amérique. Il a un museau pointu et chasse des animaux dont il mange la viande. Il hurle « hououououou ! ». Il vit seul ou en bande, avec un chef, qui est souvent une femelle, une **louve**. Les petits sont des **louveteaux**.

Marcher à pas de loup, c'est marcher très vite, à la queue leu leu ou sans faire de bruit ? (sans faire de bruit)

… être dans la lune, c'est être rêveur …

lune

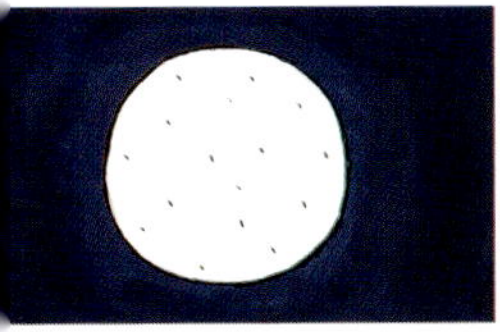

La Lune est une planète qui tourne autour de la Terre. Elle fait le tour de la Terre en 28 jours. Elle nous apparaît d'abord comme un croissant très fin qui augmente chaque nuit. Quand elle est devenue toute ronde, on dit qu'elle est pleine. Puis elle diminue et disparaît. Le **clair de lune**, c'est la lumière qui éclaire un peu la Terre, la nuit, quand on voit la Lune.

Qu'y a-t-il sur la Lune ?
Un lapin, dit l'un.
Un vieil homme qui porte du bois,
dit l'autre.
On les voit de la Terre, regardons bien !

lutin

Un lutin, dans les contes et les histoires, est un petit bonhomme qui a des pouvoirs magiques pour jouer des tours ou rendre service.

Mon premier est à l'avant des voitures
pour éclairer la route.
Mon deuxième est la note qui est après mi.
Mon troisième s'entend à la fin de cadet.
Mon tout est un lutin.

(farfadet / phare-fa-det)

a b c d e f g h i j k l m n o p q r s t u v w x y z

machine à laver

Une machine à laver sert à laver le linge ou la vaisselle. La machine à laver le linge chauffe l'eau, fait tourner le linge et s'arrête quand il est lavé.

magasin

Un magasin est un endroit où l'on peut acheter ou des vêtements ou des journaux ou des fleurs... Il a des vitrines et, à l'intérieur, des vendeurs qui servent les clients. Dans un **grand magasin**, il y a des vêtements, des jouets, des meubles et bien d'autres choses...

On peut faire mon premier avec de la neige.
Mon deuxième a des ailes dans le dos.
On mange les grains blancs de mon troisième.
Mon tout est le magasin où l'on vend du pain.
(boulangerie / boule-ange-riz)

maillot de bain

Un maillot de bain est un vêtement en tissu fin

et moulant qu'on met pour se baigner dans une piscine ou dans la mer.

main

Nos mains sont au bout des bras. Elles ont chacune cinq doigts. Elles nous permettent de prendre, tenir, toucher...

On enlève mon premier en épluchant un fruit.
Mon deuxième est le cri de la vache.
Mon tout est l'intérieur de la main.
(paume / peau-meuh)

mais

Mais sert à réunir deux mots ou deux phrases qui disent des choses opposées.

Le Petit Poucet est dans le lit avec ses frères, mais il ne dort pas.

maison

Une maison est un endroit où l'on habite.
Elle a des murs, des fenêtres, des portes, un toit et, parfois, un jardin. **Être à la maison**, c'est être chez soi, là où l'on habite.

Le premier petit cochon veut construire sa maison en paille, le deuxième en bois, le troisième en brique...

maître

Le maître ou la **maîtresse**, à l'école, c'est l'instituteur ou l'institutrice qui font la classe aux enfants. Le maître d'un génie, c'est celui qui commande au génie.

Aladin commande au génie de la lampe de lui apporter un tapis volant.

malin

Être malin, c'est avoir beaucoup d'idées pour se débrouiller, pour réussir à faire ce que l'on veut.

maman

Maman, c'est le nom gentil que les enfants donnent à leur mère. Une maman, c'est la mère d'un ou de plusieurs enfants.

manger

Manger, c'est mâcher et avaler la nourriture. En mangeant, on sent des goûts différents : salé, sucré, doux, fort...

Les animaux qui mangent de l'herbe sont-ils des herbivores, des carnivores ou des omnivores ?

(Ce sont des herbivores. Les carnivores mangent de la viande. Les omnivores mangent de tout.)

manteau

Un manteau est un vêtement qui tient chaud. On le met pour sortir par-dessus les autres vêtements en enfilant une manche puis l'autre et en le fermant.

marcher

Marcher, c'est aller à pied, poser un pied puis l'autre pour avancer. **Marcher à l'électricité**, c'est fonctionner avec de l'électricité.

Quand je marche bien, je n'avance pas.
Qui suis-je ? (la montre)

mare

Une mare est une petite étendue d'eau.

Mon premier est au-dessus du cou.
Mon deuxième n'est pas tôt.
Mon tout naît dans la mare. (têtard / tête-tard)

marron

Un marron est le fruit du marronnier. On ne le mange pas. Les marrons qu'on mange chauds ou glacés sont les fruits du châtaignier.
Le marron, c'est la couleur des marrons, de l'ours brun, des feuilles mortes. Des yeux marron sont de la couleur des marrons.

marronnier

Un marronnier est un grand arbre qu'on plante souvent en ville, le long des rues ou dans les cours. Il a des grappes de fleurs blanches et roses et donne des marrons.

matin

Le matin, c'est, dans la journée, le temps qui va du lever du soleil jusqu'à midi.

Lundi matin, l'empereur, sa femme
Et le p'tit prince sont venus chez moi,
Pour me serrer la pince...

menton

Notre menton est sous la bouche, c'est le bas du visage.

Mon premier n'est pas vrai.
Mon deuxième est avant huit.
On a mon tout au menton ou dans les joues quand on sourit. (fossette / faux-sept)

mer

La mer est une immense étendue d'eau salée qui recouvre une grande partie de la Terre. Quand le vent souffle, on voit des vagues sur la mer :

elle devient agitée et dangereuse pour les baigneurs et les bateaux. La mer monte et descend, elle avance sur la plage et recule : c'est la **marée**. L'**air marin**, c'est celui qu'on respire près de la mer.

merci

On dit merci à celui qui nous rend service ou qui nous offre un cadeau, parce qu'on est content ou poli. On dit **non merci** pour refuser poliment.

mère

Une mère, c'est une femme qui a un ou plusieurs enfants. C'est notre maman. C'est aussi la femelle d'un animal, qui a des petits.

Qui est la mère de notre papa ?

(notre grand-mère)

Et la mère de notre maman ?

(notre autre grand-mère)

métro

Le métro nous transporte en suivant des rails sous la ville. Ses wagons peuvent contenir beaucoup de voyageurs. Il s'arrête à toutes les stations. On dit métro à la place de **métropolitain**.

a b c d e f g h i j k l m n o p q r s t u v w x y z

mettre

Mettre un vêtement, c'est le prendre pour s'habiller. Mettre un bonbon dans sa bouche, c'est le faire passer de sa main à sa bouche.

midi

Midi, c'est le milieu du jour. À midi, les deux aiguilles de la montre sont sur le 12.

Il est midi.
Qui te l'a dit ?
La petite souris.
Et que fait-elle ?
De la dentelle !

miel

Le miel est fabriqué par les abeilles qui butinent les fleurs. Elles le gardent pour s'en nourrir, l'hiver. Comme les abeilles font beaucoup de miel, nous en ramassons pour le manger, nous aussi. Celui ou celle qui élève des abeilles et récolte le miel est un **apiculteur** ou une **apicultrice**.

miette

Les miettes de pain sont les tout petits morceaux qui tombent du pain quand on le coupe.

milieu

Être au milieu, c'est être juste entre le haut et le bas, ou aussi loin d'un côté que de l'autre. S'arrêter **au milieu** de l'histoire, c'est s'arrêter entre le début et la fin, quand elle est bien commencée mais encore loin d'être finie.

On se met au milieu de la ronde pour jouer à la chandelle ou à la marelle ? (à la chandelle)

1000

mille

1000, c'est 999 + 1, ou 100 x 10. Un **millier** d'arbres, c'est mille arbres ou un peu plus. Un **mille-pattes** est une petite bête qui ressemble à une chenille avec beaucoup de pattes, de 42 à 200 pattes !

Shéhérazade ne devait rester qu'une nuit près du sultan, et puis mourir au matin. Mais elle lui raconta un conte et ne le termina pas à la fin de la nuit.
Pour savoir la suite, le sultan lui demanda de revenir.
Cela dura mille et une nuits.
Shéhérazade ne mourut pas et elle devint sultane.

mini

On met parfois le mot mini devant un autre mot pour dire « petit ». Une **minijupe**, c'est une jupe très courte.

miroir
Dans un miroir on se regarde, on voit son image.

mode
Une robe, un pantalon à la mode sont nouveaux. On les voit partout dans les vitrines.

Quand la Belle au bois dormant s'est réveillée, sa robe n'était plus à la mode, elle avait cent ans !

mois
Un mois a 28, 29, 30 ou 31 jours. Les 12 mois sont : janvier, février, mars, avril, mai, juin, juillet, août, septembre, octobre, novembre, décembre.

moitié
Pour avoir une moitié de pomme, on la coupe en deux par le milieu.

monstre
Un monstre, dans les histoires, est un personnage affreux, comme un dragon, ou très bizarre. Il fait très peur ou bien il fait pitié.

Un monstre, dit-on, vit dans un lac en Écosse, le loch Ness. Personne ne l'a jamais vu mais il y a si longtemps que cela se dit qu'on lui a donné un nom gentil, Nessie.

montagne

Une montagne a des pentes et un sommet. Sur les pentes, il y a des champs, des villages, des forêts. Au-dessus, il y a des prés où les vaches, les moutons restent l'été. Au-dessus encore, il y a des glaciers et de la neige qui ne fond jamais, la neige éternelle.

Mon premier ronronne.
Mon deuxième a entre 28 et 31 jours.
Mon tout est un animal qui vit haut dans la montagne.

(chamois / chat-mois)

monter

Monter, c'est aller du bas vers le haut. Le contraire, c'est descendre. Quand la mer monte, elle avance peu à peu sur la plage. Monter sur une moto, c'est s'asseoir dessus. Monter un train électrique, c'est l'installer pour jouer. Le contraire, c'est démonter.

moto

Une moto a deux roues et un moteur. Elle peut aller très vite. Pour faire de la moto, on met un casque. On dit moto à la place de **motocyclette**.

... on entendrait une mouche voler ...

mouche

Une mouche est un insecte qui vole. Ses yeux lui permettent de voir dans toutes les directions. Elle aspire sa nourriture à l'aide d'une trompe. Un **moucheron** est un insecte encore plus petit qu'une mouche.

Qui est-ce qui a une trompe
et qui est-ce qui n'en a pas :
la mouche, le rhinocéros, l'éléphant, la fourmi ?
(La mouche et l'éléphant ont une trompe.)

se **moucher**

Se moucher, c'est souffler fort par le nez pour le débarrasser de ce qui l'encombre, quand on est enrhumé.

mouchoir

Un mouchoir est un morceau de tissu ou de papier doux à toucher qu'on déplie pour se moucher, ou pour s'essuyer les yeux, le front...

moufle

On enfile des moufles en glissant les mains dedans. Elles ont une seule séparation, pour le pouce. Elles protègent les mains du froid.

mouiller

La vitre est mouillée, il y a de l'eau dessus.
Une **mouillette**, c'est un petit morceau de pain que l'on trempe dans un œuf à la coque.

moustique

Un moustique est un petit insecte qui vole et vit là où il y a de l'eau, même très peu, une flaque, une mare, un étang... C'est la femelle du moustique qui pique pour se nourrir d'une goutte de sang juste avant de pondre ses œufs.

mouton

Un mouton est un animal qu'on élève pour avoir de la laine que l'on fait avec ses poils, et de la viande. Le mâle est un **bélier**, il a des cornes recourbées. La femelle est une **brebis**, et le petit, un **agneau**. Les moutons bêlent « bêêê bêêê »...
Un mouton sous un lit, c'est de la poussière qui fait une petite boule. Des moutons sur la mer sont des petites vagues couronnées d'écume.

Pour jouer à saute-mouton, on saute
par-dessus un mouton ? (uou)
par-dessus un lit ? (uou)
par-dessus le dos d'un autre joueur ? (ıno)

a b c d e f g h i j k l m n o p q r s t u v w x y z

muguet

Le muguet est une petite plante qui a le long de sa tige des fleurs blanches très parfumées en forme de clochettes. Il fleurit au printemps dans les bois et les jardins. On dit qu'offrir du muguet le 1er mai porte bonheur.

mûr

Un fruit est mûr quand il est prêt à être cueilli, à être mangé.

Quand ils sont mûrs, peut-on faire des confitures
avec les abricots ? (oui!)
avec les mûres ? (oui!)
avec les fraises ? (oui!)
avec les haricots verts ? (non!)

murmurer

Murmurer, c'est parler tout bas. Un ruisseau qui murmure fait un bruit régulier et très doux. Obéir sans murmurer, c'est obéir sans discuter.

Ils murmurent tous, sauf un : lequel ?
La source, le vent dans les feuilles,
les parents qui croient qu'on est endormi,
la cloche qui sonne.
(La cloche ne peut pas murmurer.)

nager

Nager, c'est faire des mouvements pour avancer dans l'eau sans poser les pieds au fond.
Une **nage**, c'est une façon de nager. La brasse, le crawl, la nage sur le dos sont des nages.
Une **nageoire** sert aux poissons pour nager.

Ils nagent dans la mer, sauf deux : lesquels ?
Le dauphin, le têtard, la crevette,
la sardine, le canard.
(Le têtard et le canard nagent dans la mare.)

naseau

Les naseaux sont les larges narines de certains animaux, comme le cheval, le bœuf, le taureau, le chameau... ou le dragon !

nature

La nature, c'est la campagne, la montagne, la mer, l'air, l'eau, ainsi que les arbres, les fleurs et tous les êtres vivants qui sont sur la Terre.

... il a neigé, la neige est tombée ...

neige

La neige, c'est l'eau gelée qui tombe des nuages en formant des flocons blancs. Partir en **classe de neige**, c'est aller avec sa classe à la montagne, l'hiver, quand il y a de la neige. **Battre des œufs en neige**, c'est battre des blancs d'œufs pour qu'ils forment une mousse blanche et légère.

nénuphar

Un nénuphar est une plante qui pousse dans l'eau. Il a une très longue racine dans l'eau et, à la surface, des feuilles rondes. Sa fleur est jaune, rose ou blanche.

Il était une fois Poucette, une toute petite fille. Elle dormait dans une coquille de noix. Un crapaud l'enleva et, pour la garder prisonnière, la déposa au milieu de l'étang, sur une feuille de nénuphar...

9

neuf

9, c'est 8 + 1. Si on est au **neuvième** rang, c'est qu'il y en a huit devant.

nez

Notre nez est au milieu du visage, entre le front et la bouche. L'air passe à l'intérieur par nos deux

narines, qui nous permettent de respirer et de sentir. Se trouver **nez à nez** avec le voisin, c'est se trouver soudain en face de lui. Mener ses amis **par le bout du nez**, c'est leur faire faire tout ce que l'on veut.

nœud

Faire un nœud, c'est faire passer plusieurs fois les deux bouts d'un fil, d'une ficelle, l'un sur l'autre et les serrer en tirant. Les cheveux font des nœuds quand ils sont emmêlés.

Comment s'appelle le nœud qu'on fait avec les lacets : une miette, une boulette ou une rosette ?

(une rosette)

noir

Le noir est la couleur du goudron, du fond de la casserole qui a brûlé, du drapeau des pirates. Des lunettes noires ont des verres foncés pour protéger du soleil. Quand **il fait noir**, il n'y a pas de lumière. **Les Noirs** sont les personnes qui ont la peau très foncée ou noire.

Ils voient dans le noir, sauf un : lequel ?
Le chat, le hibou, le coq.

(Dans le noir, le coq ne voit rien.)

nom

Dire son nom, c'est dire comment on s'appelle. Pâquerette, muguet, coquelicot sont des noms de fleurs. Un **petit nom**, c'est un nom gentil qu'on donne par affection ou parce que c'est amusant. Un **prénom**, c'est le nom que les parents choisissent pour leur enfant.

Nom de famille : Tournesol.
Prénom : Gaston, Louison ou Tryphon ?
(Tryphon Tournesol est un ami de Tintin.)

nombril

Notre nombril, c'est le petit creux, la petite marque qu'on a sur le ventre. C'est la trace du cordon par où passe tout ce qu'il faut au bébé pour se développer, quand il est dans le ventre de sa maman, avant de naître.

nouer

Nouer, c'est faire un nœud, attacher avec un nœud. **Avoir la gorge nouée**, c'est être tellement ému qu'on ne peut plus parler.

On peut tous les nouer, sauf un : lequel ?
La cravate, le ruban, le mouchoir, l'aiguille, le fil ?
(On ne peut pas nouer une aiguille !)

nourrir

Nourrir, c'est donner à manger. Se nourrir, c'est manger.

Pour se nourrir, l'écureuil mange-t-il
des noisettes ? (oui!)
des champignons ? (oui!)

nuage

Un nuage est fait de toutes petites gouttes d'eau qui flottent dans l'air. Les formes des nuages indiquent souvent le temps qu'il va faire.

Tout petits et très hauts, il va faire beau,
Tout bas et tout gris, attention à la pluie !

nuit

La nuit, c'est le temps entre le coucher et le lever du soleil. Du lever au coucher du soleil, c'est le jour. **Il fait nuit**, le soleil ne nous éclaire plus. Un **oiseau de nuit** dort le jour et vit la nuit.

Quel oiseau vit la nuit, le hibou, la mouette ou le coucou ? (le hibou)

nuque

Notre nuque est le côté du cou qui est au-dessus du dos.

obéir

Obéir, c'est faire ce qu'on nous dit de faire. Le contraire, c'est désobéir. **Obéir au doigt et à l'œil**, c'est obéir immédiatement et exactement.

océan

Un océan est une étendue d'eau salée qui recouvre une grande partie de la Terre. On dit mer ou océan, mais les océans sont souvent plus grands que les mers.

Les océans ont un nom, comme les pays. Quel est celui qu'on traverse pour aller du Canada en France ? (l'Atlantique)

œil

On dit un œil, quand il y en a un, des yeux quand il y en a deux ! Nos yeux sont sous notre front, au-dessus des joues. Ils nous permettent de voir. **Faire un clin d'œil**, c'est fermer et ouvrir très vite un œil. **Donner un coup d'œil**, c'est regarder très rapidement. Un **oculiste** ou un **ophtalmologiste** est un médecin qui soigne les yeux. Un **opticien**, une **opticienne** fabriquent ou vendent les lunettes.

ogre

Un ogre, dans les histoires, est un géant qui fait peur et mange les enfants ; une **ogresse** n'est pas toujours géante mais elle mange beaucoup elle aussi ! **Manger comme un ogre**, c'est dévorer, manger beaucoup.

La femme de l'ogre a caché le Petit Poucet et ses frères, mais l'ogre, en arrivant, dit : « Hum... ça sent la chair fraîche, ici ! »

oiseau

Un oiseau est un animal qui a des plumes, un bec, deux pattes et deux ailes. La plupart des oiseaux volent, mais pas tous : l'autruche ne vole pas. Beaucoup d'oiseaux chantent et construisent des nids, tous pondent des œufs. Un **oisillon** est un oiseau très jeune.

Parmi ces oiseaux, quels sont les oiseaux de nuit : la chouette, le pingouin, la mouette, le hibou ?

(Le hibou et la chouette sont des oiseaux de nuit, le pingouin et la mouette sont des oiseaux de mer.)

olive

L'olive est le fruit de l'olivier. Elle est petite, ovale et elle a un noyau. On la mange verte ou noire, ou on la presse pour faire de l'huile.

olivier

Un olivier est un arbre qui pousse dans les régions où il fait doux l'hiver et chaud l'été. Il a des feuilles vert foncé dessus et argentées dessous. On récolte ses fruits, les olives.

ombre

L'ombre, c'est là où les rayons du soleil n'arrivent pas. **Faire de l'ombre**, c'est protéger du soleil, comme le platane ou la casquette. Notre ombre, c'est la forme de notre corps sur le sol devant nous ou derrière nous, quand le soleil nous éclaire.

Qui tire plus vite que son ombre,
Obélix, Tintin ou Lucky Luke ?
(Lucky Luke)

oncle

Notre oncle, c'est le frère de notre père, le frère de notre mère ou le mari de notre tante. Les garçons sont ses neveux, les filles sont ses nièces.

ongle

Nos ongles sont au bout et sur le dessus des doigts. Ils sont durs et poussent un peu chaque jour.

11

onze

11, c'est 10 + 1. Si on est au **onzième** rang, c'est qu'il y en a dix devant.

orage

Pendant l'orage, il y a des éclairs dans le ciel, du vent et de la pluie. On entend le tonnerre.

orange

Une orange est un fruit. Elle est ronde. Sa peau est de couleur orange. Elle pousse sur un **oranger**.
L'orange est la couleur des mandarines, de la citrouille, du soleil couchant.

Mon premier est après le o.
Le boulanger fait mon deuxième.
Mon tout est dans une orange. (p-pain / pépin)

ordinateur

Un ordinateur est une machine qui sert à écrire, à fabriquer ou mélanger des images et des sons, à faire des jeux.

oreille

Nos oreilles sont de chaque côté de la tête. Elles nous servent à entendre. **Dormir sur ses deux oreilles**, c'est dormir tranquille.

Le Petit Chaperon rouge : « Oh ! Grand-Mère, comme tu as de grandes oreilles ! »
Le loup (déguisé en grand-mère) : « C'est pour mieux t'entendre, mon enfant... »

oreiller

Un oreiller est un petit sac en tissu cousu de tous les côtés et rembourré. On le met sous sa tête pour dormir.

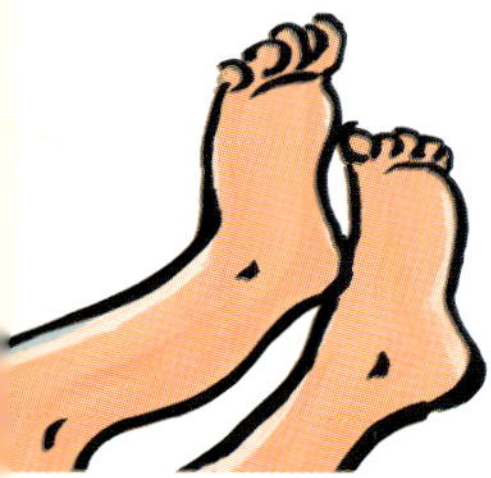

orteil

Nos orteils sont nos doigts de pied. On en a cinq à chaque pied. Quand on marche sur la pointe des pieds, on ne pose par terre que les orteils.

os

Nos os soutiennent notre corps. Ils sont durs, comme le crâne qui protège le cerveau, les côtes qui protègent le cœur.

«Un os» rime avec «bosse».
«Des os» rime avec «zoo».

oublier

Oublier, c'est ne plus savoir, ne plus se souvenir. Oublier son bonnet, c'est ne pas penser à le prendre.

Dans le conte la Belle au bois dormant, *le roi et la reine avaient oublié d'inviter la vieille fée au baptême de la princesse. À vrai dire, elle était si vieille que plus personne ne pensait qu'elle pouvait encore exister...*

ours

Un ours est un animal qui a un pelage blanc ou brun. Il y a des ours blancs au pôle Nord et des ours bruns dans les forêts des montagnes d'Asie, d'Amérique du Nord ou d'Europe. Ils savent nager et grimper. L'**ourse** est la femelle de l'ours.

Comment s'appelle le petit de l'ours et de l'ourse ?

(l'ourson ou l'oursonne)

ouvrir

Ouvrir la porte, c'est tourner la clé ou baisser la poignée pour pouvoir entrer. Ouvrir la bouche, c'est écarter les lèvres. Le magasin ouvre à 9 heures, on peut y aller à partir de 9 heures. Le contraire, c'est fermer.

Ouvre la bouche et ferme les yeux !

paillasson

Un paillasson est le petit tapis que l'on met devant la porte d'entrée pour s'essuyer les pieds.

palme

Une palme est une feuille de palmier.
Les palmes en caoutchouc qu'on met aux pieds sont longues et plates. Avec elles, on nage plus vite. Les canards ont les **pieds palmés** : ils ont de la peau entre les doigts au bout de leurs pattes.

palmier

Un palmier est un arbre qui pousse dans les régions où il fait chaud. Il a un grand tronc et, tout en haut, de larges feuilles, les palmes, qui bougent sous le vent.

Parmi ces arbres, deux sont des palmiers : lesquels ? Le dattier, le noisetier, l'olivier, le cocotier, le marronnier.

(Le dattier et le cocotier sont des palmiers.)

pantalon

Un pantalon est un vêtement qui protège les jambes, le ventre et les fesses. On l'enfile par les pieds. On peut le faire tenir avec une ceinture ou avec des bretelles.

pantoufle

Les pantoufles se mettent aux pieds, à la maison. Elles sont souples, chaudes ou légères.

Lorsque Cendrillon s'enfuit du bal, à minuit, la pantoufle de vair qu'elle perd est un petit soulier très fin, en tissu souple décoré de fourrure.

papa

Papa, c'est le nom gentil que les enfants donnent à leur père. Un papa, c'est le père d'un ou de plusieurs enfants.

Mon papa ne veut pas
Que je danse, que je danse,
Mon papa ne veut pas que je danse la polka !

pâquerette

Une pâquerette est une petite fleur qui pousse dans les prés ou les jardins, au printemps. Elle a des pétales très serrés autour d'un cœur jaune.

a b c d e f g h i j k l m n o p q r s t u v w x y z

parent

Nos parents sont notre père et notre mère.
Les parents de nos parents sont nos grands-pères et nos grands-mères. Les enfants qui ont les mêmes parents sont frères et sœurs.

parfum

Un parfum est une odeur qui nous plaît.
Un parfum, c'est aussi un liquide qu'on met sur soi pour sentir bon. Le parfum d'une glace, c'est le goût qu'elle a, vanille, fraise ou chocolat.

partir

Partir, c'est s'en aller. Le contraire, c'est revenir.
Une tache part au lavage si elle disparaît quand on la lave.

Mon premier est un petit cube
qu'on lance pour jouer.
On fait mon deuxième quand on s'en va.
Mon tout est le moment où l'on part.
(départ / dé-part)

partout

Chercher partout, c'est chercher dans tous les coins, de tous les côtés.

pas

Faire un pas, c'est mettre un pied devant l'autre pour avancer. Un cheval qui va **au pas** marche. **Faire ses premiers pas**, c'est commencer à marcher.

Marcher à pas de géant, c'est faire des très grands pas ou des petits pas ?
(des très grands pas !)

passer

Passer, c'est se déplacer d'un endroit à un autre. Les oiseaux passent dans le ciel, ils le traversent. Les voitures passent au feu vert, elles ne s'arrêtent pas. Passer une jupe, c'est la mettre.

pâte

La pâte qui sert à faire les tartes est un mélange de farine, de beurre et d'eau qu'on étend en couche fine. Les pâtes sont des petits morceaux de toutes les formes faits avec de la farine et de l'eau. On les cuit dans de l'eau bouillante.

Est-ce qu'on mange des pâtes quand on mange
des spaghettis ? (oui!)
des raviolis ? (oui!)
des lentilles ? (Non, ce sont des légumes secs.)

a b c d e f g h i j k l m n o p q r s t u v w x y z

... une peau de pêche, c'est une peau très douce ...

paysage

Le paysage, c'est ce qu'on voit autour de nous quand on est dehors.

Si, dans le paysage, il y a du sable et des cactus, est-ce qu'on est sur une plage ou dans le désert ? (dans le désert)

peau

Notre peau nous enveloppe de la tête aux pieds. On enlève la peau des fruits et des légumes avant de les manger.

Qu'est-ce qu'il y a
sur la peau des chats ? (des poils)
sur celle des oiseaux ? (des plumes)
sur celle des poissons ? (des écailles)
sur celle des hérissons ? (des piquants)

pêcher

Pêcher, c'est attraper des animaux dans l'eau des lacs, des rivières ou de la mer pour les manger.

pédaler

Pédaler, c'est appuyer avec ses pieds sur les pédales d'un vélo, d'un tricycle pour avancer.

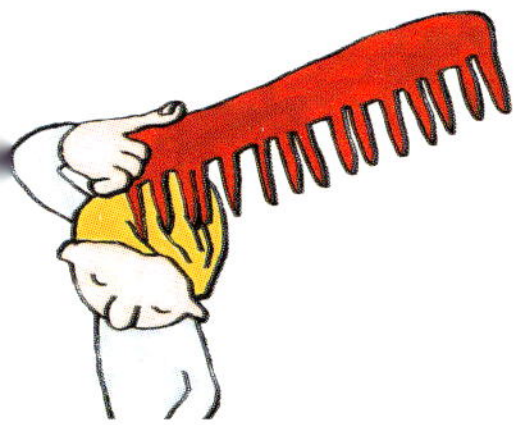

peigne

Un peigne a des dents, des bouts pointus.
On le fait glisser dans les cheveux pour les coiffer, les séparer les uns des autres.
Peigner, c'est coiffer avec un peigne.

peindre

Peindre, c'est mettre de la couleur, de la peinture, avec un pinceau, sur un mur ou sur du papier.

Pour peindre en orange,
quelles couleurs mélange-t-on ? (jaune et rouge)
et pour peindre en vert ? (jaune et bleu)
et en rose ? (blanc et rouge)

pendant

Pendant l'orage, c'est quand il y a de l'orage, à ce moment-là.

Pendant les vacances, l'école est-elle
ouverte ou fermée ? (fermée)

père

Un père, c'est un homme qui a un ou plusieurs enfants. C'est notre papa.

♪ Mon père m'a donné un mari,
Mon Dieu, quel homme, quel petit homme !

petit

Être petit, c'est ne pas mesurer beaucoup de centimètres. Le contraire, c'est grand. Un petit bruit, c'est un bruit qu'on n'entend presque pas.
Être petit, c'est aussi être encore un enfant.
Une petite sœur, c'est une sœur plus jeune que soi.
Petit est aussi un mot gentil qu'on dit quand on s'aime : ma petite maman chérie...

**Le petit de la chatte est un chaton. Comment appelle-t-on le petit de la poule ? (un poussin)
Et celui de la girafe ? (un girafon)**

peu

Arroser très peu un cactus, c'est l'arroser en très petite quantité. Le contraire, c'est beaucoup.
Grandir **peu à peu**, c'est grandir doucement, en prenant du temps.

Pour faire du bleu clair, on prend un peu de bleu et beaucoup de blanc. Et pour faire du bleu foncé ? (On prend beaucoup de bleu et un peu de blanc.)

photographier

Photographier, c'est prendre une photo.

Qui photographie, le peintre ou le photographe ? (le photographe)

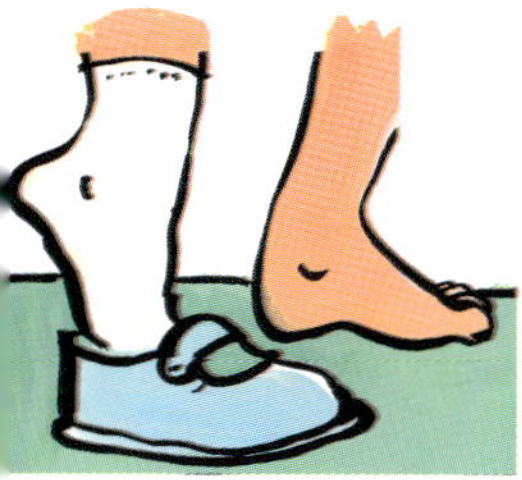

pied

Nos pieds sont au bout des jambes. Ils ont chacun cinq doigts, les orteils, et ils nous servent à marcher. **Aller à pied**, c'est marcher.
À la piscine, **on a pied** quand on peut toucher le fond en marchant. **Les pieds** de la table touchent le sol. Être assis **au pied** d'un arbre, c'est être assis par terre, près du tronc.

pingouin

Un pingouin est un oiseau de mer. Il vit dans les régions froides. Il a des plumes noires et blanches, peut voler et nager. Il mange des poissons.

Les pingouins vivent par centaines sur les glaces du pôle Nord. Comment les parents reconnaissent-ils leur petit, à ses habits ou à son cri ?

(À son cri. Chaque pingouin a le sien.)

piquant

Les piquants du cactus sont ses feuilles, fines et piquantes comme des aiguilles. Les hérissons ont des piquants, de longues pointes qui piquent.

Ont-ils des piquants, oui ou non : les oursins, les oursons, les chardons ?

(les oursons, non !)

a b c d e f g h i j k l m n o p q r s t u v w x y z

piquer
Piquer sa fourchette dans une boulette, c'est y enfoncer les pointes de la fourchette. Quand une abeille nous pique, elle enfonce son dard, une petite pointe, dans notre peau. La fumée nous pique les yeux, elle nous fait mal, elle nous brûle un peu les yeux.

pirate
Les pirates, dans les histoires, attaquent les bateaux pour prendre tout ce qui s'y trouve.

Mon premier, c'est 12 + 1.
Avec mon deuxième, on fait les bagues et les couronnes.
Les pirates mettent mon tout dans un coffre.
(trésor / 13-or)

piscine

Une piscine est un grand bassin rempli d'eau pour nager et plonger. Il y a des piscines où l'on a pied et d'autres non.

piste
La piste du cirque est ronde. C'est là que se déroule le spectacle. La piste d'un aéroport,

c'est le terrain où les avions décollent et atterrissent. Une piste de ski, c'est une pente, à la montagne, spécialement aménagée pour faire du ski.

place

Dans la ville, une place est un endroit assez large d'où partent des rues. Il y a des maisons ou des immeubles tout autour, et souvent des arbres. Remettre un livre à sa place, c'est le mettre là où on le range d'habitude. Avoir une place dans le train, c'est pouvoir s'asseoir. **Prendre place**, c'est s'installer, s'asseoir.

Les canards nagent dans mon premier.
Mon deuxième s'entend à la fin de toucher.
Mon tout s'installe sur la place.
(marché / mare-chér)

plage

Une plage est une étendue de sable ou de galets, au bord de la mer.

Sur une plage, peut-on faire des châteaux, des pâtés, du ballon, du cerf-volant, des pirouettes, du patin à roulettes ?
(C'est impossible de faire du patin à roulettes !)

a b c d e f g h i j k l m n o p q r s t u v w x y z

planète

Une planète tourne dans l'espace, autour du Soleil. La Terre, Mars, Jupiter sont des planètes. Un **planétarium**, c'est une salle où l'on projette au plafond des images du ciel, des étoiles et des planètes.

On fait mon premier en pressant une orange.
On entend mon deuxième au début de pipeau.
On plante les graines dans mon troisième.
Mon tout est le nom de la plus grosse planète qui tourne autour du Soleil.

(Jupiter / jus- pi- terre)

plat

Dans la cour, le sol est plat, il n'a ni creux ni bosses. Une assiette plate a un fond large et des petits rebords. Un pneu **à plat** est dégonflé. Être **à plat ventre**, c'est être couché sur le ventre. Des **œufs au plat** sont des œufs cuits à la poêle sans être mélangés.

platane

Un platane est un grand arbre. Il a beaucoup de feuilles, très découpées. On le plante souvent sur les places ou le long des routes.

plein

Un verre plein est rempli jusqu'au bord. Le contraire, c'est vide. Avoir plein d'idées, c'est avoir beaucoup d'idées.

La lune est pleine quand elle est toute ronde, toute noire ou cachée dans les nuages ?

(La lune est pleine quand elle est toute ronde. On la voit tout entière.)

plier

Plier sa chemise de nuit, c'est l'étendre, mettre le côté droit sur le côté gauche, puis le bas sur le haut. Plier la jambe, c'est la faire bouger à partir du genou. Le contraire, c'est la tendre. **Déplier** un éventail, c'est l'ouvrir. Le **replier**, c'est le fermer.

On peut les plier, sauf un : lequel ?
La serviette, la chaise longue, le crayon, le journal.

(Le crayon ne se plie pas.)

plissé

Une jupe plissée est faite dans un tissu qui a été plié de gauche à droite ou de droite à gauche pour faire beaucoup de plis.

a b c d e f g h i j k l m n o p q r s t u v w x y z

pluie

La pluie est l'eau qui tombe des nuages en faisant des gouttes. Un **parapluie** sert à se protéger de la pluie. On le tient par son manche et on l'ouvre quand il **pleut**, quand la pluie tombe.

Un parapluie nous protège de la pluie.
De quoi nous protège un parasol ? (du soleil)
un paratonnerre ? (de la foudre)

poche

Dans la poche d'un vêtement, on peut mettre ce que l'on veut garder. Une **lampe de poche** est assez petite pour tenir dans la poche. Elle n'a pas de fil et marche avec des piles. De l'**argent de poche**, c'est un peu d'argent à dépenser comme on veut.

poêle

Une poêle a un fond plat, rond ou ovale, de petits bords et une queue. On s'en sert pour faire cuire des œufs au plat, des omelettes, des crêpes...

poing

Notre poing, c'est notre main fermée. **Dormir à poings fermés**, c'est dormir profondément.

pointu

Un chapeau pointu a un bout très fin, comme le bout d'un crayon bien taillé. Un menton pointu est fin et mince.

Turlututu, chapeau pointu !

poire

Une poire est un fruit. Elle est arrondie, plus petite du côté de la queue. Elle a des pépins et pousse sur un **poirier**.

poisson

Un poisson est un animal qui a des écailles, des nageoires et qui vit dans l'eau des rivières, des lacs ou de la mer. Il pond des œufs.

Parmi ces animaux, tous sont des poissons, sauf un : lequel ?
La sardine, le requin, la truite, le crabe.
(Le crabe n'est pas un poisson.)

poitrine

Notre poitrine, c'est le devant du corps, sous le cou et les épaules, au-dessus du ventre. À l'intérieur, il y a le cœur et les poumons. **La poitrine**, c'est aussi les seins des femmes.

pomme

Une pomme est un fruit. Elle est ronde, rouge, jaune, verte ou grise. Elle a des pépins et pousse sur un **pommier**.

♪ Pomme de reinette et pomme d'api,
Petit api rouge
Pomme de reinette et pomme d'api,
Petit api gris.

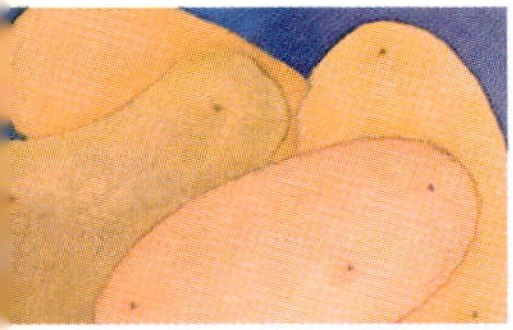

pomme de terre

Une pomme de terre est un légume. Elle pousse dans la terre.

Est-ce qu'on peut faire, avec des pommes de terre : de la purée, des frites, des croquettes, des pommes allumettes ? (oui, oui, oui et oui !)

pompon

Un pompon est une petite boule faite avec des bouts de laine attachés tous ensemble.

Il y a des pompons tout ronds
et d'autres qui sont longs.
On en met aux bonnets,
aux coussins, aux rideaux,
quand c'est la mode
et là où c'est joli ou rigolo !

porte

Une porte s'ouvre ou se ferme pour laisser entrer ou sortir. Le jardin public a un **portillon**, une petite porte. Le jardin est fermé par un **portail**, une grande porte en bois ou en fer.

Qu'est-ce qui a la plus grande porte : le buffet, l'armoire, le placard, l'autocar, l'immeuble ou l'ascenseur ? (l'immeuble)

porter

Porter un sac, c'est le soulever et le tenir. Porter un pyjama, c'est être habillé avec un pyjama. Le bébé se porte bien, il va bien.
Sur un **porte-bagages**, on met son sac.
À un **porte-clés**, on accroche des clés.
Dans un **porte-monnaie**, on met de l'argent.

poser

Poser un jouet par terre, c'est le mettre par terre. **Se poser** n'importe où, pour l'hélicoptère, c'est atterrir n'importe où.

Qu'est-ce qui se pose sur la branche ? (l'oiseau)
sur la piste ? (l'avion)
sur la Lune ? (le vaisseau spatial)
sur la joue ? (le bisou !)

a b c d e f g h i j k l m n o p q r s t u v w x y z

potion

Une potion, c'est un médicament à boire, dans les histoires.

Dans les histoires, les sorcières préparent des potions magiques en mélangeant de la bave d'escargot et de crapaud, des toiles d'araignée, du jus de chaussettes, de la poudre de perlimpinpin... et en faisant bouillir le tout dans leur chaudron.

poule

Une poule est un oiseau qui vit à la ferme. On ramasse ses œufs. Elle a une petite crête sur la tête. Le **coq** est le mâle de la poule. Leurs petits sont les **poussins**. Un **poulet** est un coq ou une poule qui a entre 3 et 10 mois ; on l'élève pour le manger. Le **poulailler**, c'est là où dorment le coq, les poules et les poussins.

Que fait la poule en français ? (Cot cot codec !)

pousser

Pousser une balançoire, c'est la faire bouger en appuyant dessus. Pousser son chariot, c'est le faire aller en avant. Le vent pousse les nuages, il les fait aller dans la même direction que lui. On assied un petit enfant dans une **poussette**

pour l'emmener se promener.
Les dents poussent, elles grandissent. Les plantes et les arbres poussent, eux aussi.

poussière

La poussière, ce sont les très petits grains qui flottent dans l'air et se déposent un peu partout. On l'enlève avec un chiffon, un aspirateur.

pré

Un pré, c'est une étendue de terre où pousse de l'herbe. Les vaches, les moutons broutent l'herbe des prés.

♪ Le fermier dans son pré,
Le fermier dans son pré, ohé ohé ohé,
Le fermier dans son pré...

premier

Si on est le premier, il n'y a personne devant.

Quelle est la première lettre de l'alphabet ?

préparer

Préparer une potion, c'est la faire, mélanger tout ce qu'il faut. **Se préparer** à partir, c'est tout faire pour être prêt à partir.

a b c d e f g h i j k l m n o p q r s t u v w x y z

presque

Presque, c'est pas tout à fait. À minuit moins deux, il est presque minuit.

prêt

Être prêt à partir, c'est pouvoir partir tout de suite. La soupe est prête quand on l'a préparée, elle est faite, on peut la manger.

À vos marques, prêt, partez !

princesse

Une princesse et un **prince** sont les enfants d'un roi et d'une reine.

Blanche-Neige, la Belle au bois dormant et la Petite Sirène sont des princesses.

printemps

Le printemps est la saison qui va du 20 ou 21 mars au 21 ou 22 juin. Le temps se réchauffe, les feuilles et les fleurs poussent. Avant le printemps, c'est l'hiver, après, c'est l'été.

priorité

Avoir priorité, c'est être celui qu'on doit laisser passer en premier.

puceron

Un puceron est un insecte. Il vit sur les plantes et s'en nourrit.

Quel est l'insecte qui dévore les pucerons : l'abeille, la fourmi ou la coccinelle ?

(la coccinelle)

pull-over

Un pull-over est un vêtement qui tient chaud.
Il protège le haut du corps, jusqu'à la taille.
On l'enfile par la tête.
On dit aussi un **pull**.

purée

La purée est faite avec des pommes de terre ou des légumes écrasés.

Une recette de purée de pommes de terre :
éplucher les pommes de terre.
Les faire cuire dans de l'eau et les écraser.
Ajouter du lait chaud, du beurre et du sel.

pyjama

Un pyjama est un vêtement qu'on met pour dormir.
Il a un haut et un bas, une veste et un pantalon.
Un pyjama de bébé va de la tête aux pieds.

a b c d e f g h i j k l m n o p q r s t u v w x y z

quatre

4

4, c'est 3 + 1. Quand on est au **quatrième** rang, c'est qu'il y en a trois devant. Les **quadrupèdes** sont les animaux qui ont quatre pattes. **Manger comme quatre**, c'est manger beaucoup.

Le chat est-il un quadrupède ? (oui)
Et le coucou ? Et le pingouin ? (non, non)
Et le mille-pattes ? (non)

queue

La queue d'un animal est au bout de son dos. La queue d'une cerise, c'est ce qui l'attache à la branche. La queue d'une poêle, c'est son manche. **Faire la queue**, c'est attendre les uns derrière les autres. **Marcher à la queue leu leu**, c'est marcher l'un derrière l'autre.

Mon premier est la note qui est après le la.
Mon deuxième est la femme du roi.
Mon tout a une queue de poisson.
(sirène / si-reine)

raconter

Raconter une histoire, c'est la dire ou la lire à haute voix. Raconter ce qui s'est passé, c'est dire ce qui s'est passé, du début à la fin.

Si la Belle au bois dormant racontait ses rêves, il y en aurait pour très longtemps !

rail

Le train roule sur deux rails, deux barres d'acier qui guident ses roues. **Dérailler**, c'est sortir des rails.

râper

Râper une carotte, c'est en faire de tout petits morceaux en la frottant contre une râpe, une plaque de fer avec des trous aux bords coupants. Quand on râpe du chocolat, on en fait des copeaux, des petits morceaux bouclés.

Qui est râpeux, gratte, picote comme la langue des chats, quand il ne se rase pas ? (C'est Papa!)

rayé

Le zèbre a un pelage rayé, il a des **raies**, des bandes noires et blanches sur tout le corps.

rayon

Un rayon fabriqué par les abeilles est fait de petites cases en cire, les alvéoles. C'est là que les abeilles gardent le miel. Le rayon des jouets, dans un grand magasin, c'est l'endroit où sont les jouets. Un rayon de soleil, c'est sa lumière, quand elle arrive droit sur nous.

Au rayon enfant, on peut acheter des bébés ou des vêtements ? (des vêtements!)
Au rayon alimentation, on peut acheter du poisson ou une télévision ? (du poisson!)

récolter

Récolter, c'est ramasser, cueillir ce que l'on a fait pousser.

On les récolte tous, sauf un : lequel ? Les fraises, le raisin, le chocolat. (Le chocolat se fabrique.)

recommencer

Recommencer, c'est faire encore une fois. Quand il recommence à pleuvoir, c'est qu'il pleut de nouveau.

La meilleure façon de marcher,
C'est encore la nôtre,
C'est de mettre un pied devant l'autre,
Et de recommencer !

réfrigérateur

Un réfrigérateur sert à garder la nourriture au froid pour mieux la conserver.

Est-ce qu'on les met au réfrigérateur : le lait ? la gomme ? les œufs ? le ballon ?

(oui, non, oui, non)

regarder

Regarder des jouets, c'est diriger les yeux vers eux pour les voir. On regarde un miroir pour se voir, voir notre image.

Quand on regarde les étoiles, peut-on voir l'étoile Polaire ? la rose des vents ? la Petite Ourse ?

(oui, non, oui)

reine

Une reine est une femme qui gouverne un royaume. C'est aussi la femme d'un roi.
La reine des abeilles, c'est celle qui pond.
La reine des chipies, c'est la plus chipie des filles.

remplir

Remplir le lavabo, c'est y mettre de l'eau jusqu'en haut ; il est alors plein. Le contraire, c'est vider.

renard

Un renard est un animal qui vit dans les bois. Il a un museau pointu, un pelage roux, une queue touffue. Il chasse les petits animaux, comme les souris des champs ou les lapins. La **renarde** est la femelle du renard.

Comment s'appellent leurs petits ? (les renardeaux)

répondre

Répondre oui, c'est dire oui à ce qu'on nous demande. Répondre au téléphone, c'est décrocher quand il sonne et parler.

♪ C'est la mère Michel qui a perdu son chat...
C'est le père Lustucru qui lui a répondu...

se **réveiller**

Se réveiller, c'est ouvrir les yeux après avoir dormi. Le contraire, c'est s'endormir.

Ils dorment en hiver et se réveillent au printemps, sauf un : lequel ? La marmotte, le loir, le canard. (le canard)

revenir

Revenir, c'est venir une nouvelle fois. Revenir de l'école, c'est rentrer chez soi. Aller et revenir, comme l'autobus, c'est faire le chemin dans un sens, puis dans l'autre.

Comme j'étais parti,
Le p'tit prince a dit :
« Puisque c'est ainsi,
Nous reviendrons mardi ! »

rigolo

Être rigolo, c'est être amusant, faire sourire. On dit « rigolo, rigolote » à la place de « drôle » quand on veut être... amusant !

rivière

Une rivière est un cours d'eau qui traverse la campagne, parfois aussi les villes et les villages. Elle se jette dans une autre rivière ou un fleuve, plus large qu'elle.

robe

Une robe est un vêtement qui enveloppe le haut et le bas du corps. Courte ou longue, avec ou sans manches, elle laisse les jambes libres.

robe de chambre

Une robe de chambre est un vêtement qui tient chaud. On la met à la maison, par-dessus un pyjama ou une chemise de nuit, en l'enfilant par les manches et en la fermant.

robot

Un robot, dans les histoires, est une machine qui peut bouger et parler. Dans les usines, un robot est une machine qui fait le travail. Dans la cuisine, un robot sert à battre les œufs, mélanger la pâte, râper les carottes...

rocher

Un rocher est un gros bloc de pierre.

Y a-t-il des rochers dans la mer ? (oui!)
dans la forêt ? (oui!)
dans l'espace ? (Oui, ce sont les météorites.)
dans les nuages ? (Ah, là, non !)

roi

Un roi est un homme qui gouverne un royaume. Le roi des polissons, c'est le plus polisson des garçons. Un **royaume** est un pays qui a un roi ou une reine.

rond

La lune est ronde quand elle est comme une assiette. Le menton est rond quand il fait une petite courbe, comme la moitié d'une boule.

Ils sont tous ronds, sauf un : lequel ?
La balle de ping-pong, le ballon de football, la Terre dans l'Univers, la roue de la voiture, l'œuf de la poule.

(L'œuf est un peu allongé : il est ovale.)

rose

Une rose est une fleur qui pousse dans les jardins sur un **rosier**. Elle a des épines sur sa tige et sent très bon. Il y a des milliers de roses : blanches, roses, rouges, jaunes et même noires...
La **rose des vents**, c'est le dessin d'une étoile à 32 branches qui indique les directions des vents.
Le rose est la couleur de notre langue, des petits radis, des crevettes quand elles sont cuites...
En peinture, pour faire du rose, on mélange du blanc et du rouge.

Joli Tambour, donnez-moi votre rose ! (bis)
Et ri et ran, ranpataplan !
Donnez-moi votre ro-o-se !
Fille du roi, donnez-moi votre cœur ! (bis)

a b c d e f g h i j k l m n o p q r s t u v w x y z

rouge

Le rouge est la couleur du coquelicot, de la tomate quand elle est mûre, du feu qui fait s'arrêter les voitures. Le **rouge à lèvres** sert à se maquiller, à colorier les lèvres. La **rougeole** est une maladie qui donne des taches rouges sur les peaux claires. **Rougir**, c'est devenir rouge.

Les petits pois sont-ils verts ?
Non, les petits poissons rouges !

rouler

Rouler, quand on fait du vélo, c'est avancer grâce aux roues qui tournent.

route

Une route permet de rouler en voiture, en camion, à moto à travers la campagne.

Une autoroute est-elle une grande route, une route moyenne ou une petite route ? (une grande route)

rue

Une rue permet d'aller et venir entre les immeubles et les maisons, dans les villes et les villages. Les voitures roulent au milieu, sur la chaussée, les piétons marchent sur les trottoirs.

S

sac

Un sac sert à mettre des objets, des vêtements pour les transporter. Il y a des sacs en plastique, en papier, en cuir, en tissu. Un **sachet** est un petit sac.

Qu'est-ce qu'elle a donc fait
La p'tite hirondelle ?
Elle nous a volé
Trois p'tits sacs de blé...

saison

Une saison, c'est trois mois dans l'année. Le printemps, l'été, l'automne et l'hiver sont les quatre saisons. Certains pays ont deux saisons : la saison des pluies (il pleut tous les jours) et la saison sèche (il ne pleut pas du tout).

En quelle saison fait-il froid ? (en hiver)
En quelle saison les hirondelles arrivent-elles en Europe ? (au printemps)
Et quand partent-elles vers l'Afrique ? (en automne)

salade

Une salade est un légume. On mange crues ses feuilles vertes, blanches ou rouges. Une salade de tomates est faite de tomates crues coupées en morceaux, avec de la vinaigrette.

On met la salade dans un saladier.
Que met-on dans un sucrier ? (le sucre)
dans un beurrier ? (le beurre)
dans un cendrier ? (les cendres)

salle

Une salle de cinéma, c'est l'endroit où l'on s'assoit pour regarder un film. Une **salle à manger**, c'est la pièce où l'on peut s'installer pour manger.

sandale

Les sandales sont des chaussures que l'on met en été, quand il fait chaud. Elles laissent le pied à l'air, à travers des lanières, des bandes de cuir, de tissu ou de plastique.

sapin

Un sapin est un arbre qui pousse dans les régions où il fait froid. Il ne perd pas ses aiguilles en hiver. Sa résine colle aux doigts.

Mon beau sapin,
Roi des forêts,
Que j'aime ta verdure !

sauce

Une sauce est un mélange liquide, chaud ou froid, qu'on sert avec un plat pour lui donner du goût.

Une recette de sauce vinaigrette : dans un bol, mettre du sel et une cuillerée de vinaigre ; ajouter trois cuillerées d'huile, et bien mélanger.

sauter

Sauter, c'est s'élancer et se tenir un instant au-dessus du sol. Faire sauter une crêpe, c'est secouer la poêle pour que la crêpe se détache, se soulève et se retourne. **Sautiller**, c'est faire de petits sauts. Une **sauterelle** est un insecte qui avance en sautant sur ses pattes de derrière.

Sauter une page, c'est la lire, la déchirer ou passer sans la regarder ?

(passer sans la regarder)

savoir

Si on sait un secret, c'est que quelqu'un nous l'a dit, nous a mis au courant. Savoir lire, c'est pouvoir lire parce que l'on a appris.

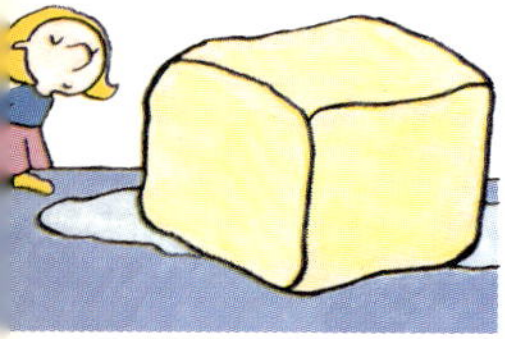

savon

Un savon sert à laver. Quand on le mouille et qu'on le frotte entre ses mains ou contre du linge, il fond, l'eau devient **savonneuse** et enlève la saleté.

Une savonnette est un petit savon.
Comment appelle-t-on
une petite cloche ? (une clochette)
une petite maison ? (une maisonnette)

scintiller

Scintiller, c'est briller en clignotant un peu.

Ils scintillent, sauf une : laquelle ? L'étoile, le diamant, la guirlande, la fleur. (la fleur)

secret

Une potion secrète n'est connue de personne, sauf, bien sûr, de la sorcière qui la prépare ! **Un secret**, c'est une chose que l'on sait et que l'on ne doit répéter à personne. **En secret**, c'est sans que personne ne le sache.

semaine

Une semaine, c'est 7 jours, et il y a 52 semaines dans une année.

semer

Semer, c'est mettre des graines dans la terre pour qu'elles poussent. **Parsemer** le dessus du gâteau de petites perles, c'est en mettre de-ci, de-là, un peu partout.

sentier

Un sentier est un petit chemin à travers la campagne ou la montagne où l'on marche à la queue leu leu.

sentir

Sentir avec le nez, c'est reconnaître une odeur, un parfum. Sentir que la neige est froide, c'est la toucher et la trouver froide. **Sentir bon**, c'est avoir une bonne odeur. Sentir le danger, c'est deviner qu'il y a un danger.

sept

7

7, c'est 6 + 1. Quand on est au **septième** rang, c'est qu'il y en a six devant.

Il était une fois un bûcheron et une bûcheronne
qui avaient sept enfants...
Le septième n'était pas bien grand.
On l'appelait le Petit Poucet...

servir

Servir les boissons, c'est les apporter. Servir le gâteau, c'est en donner un morceau à chacun. Un couteau sert à couper, il est fait pour couper.

À quoi ça sert,
un verre ? (à boire)
une chaise ? (à s'asseoir)
un miroir ? (à se voir)

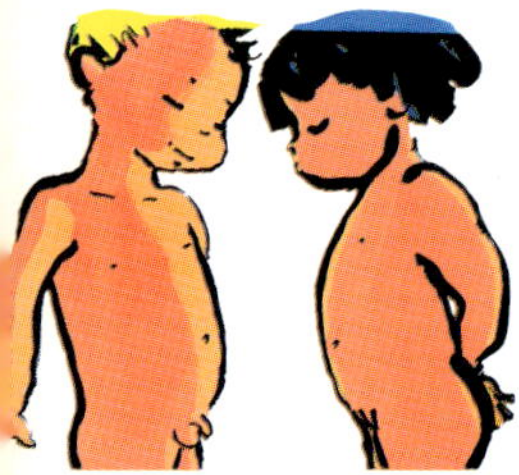

sexe

Notre sexe est en bas du ventre, entre les jambes. Il est différent pour les filles et les garçons. Les garçons sont du sexe masculin, les filles sont du sexe féminin.
Les animaux du sexe masculin sont les mâles, ceux du sexe féminin sont les femelles.

short

Un short est un vêtement qu'on enfile par les pieds et qu'on remonte jusqu'au nombril. Il se met par-dessus le slip ou la culotte. Il est court, il s'arrête en haut des cuisses.

Ils mettent un short pour jouer :
le footballeur ? (oui)
le pianiste ? (non !)

s'il vous plaît

On dit « s'il vous plaît » ou « s'il te plaît », quand on demande quelque chose, pour être poli.

singe

Un singe est un animal qui vit souvent dans les arbres, en Afrique, en Amérique ou en Asie. Il se sert de ses mains aussi bien que de ses pieds et de sa queue pour prendre ce qu'il veut ou s'accrocher aux branches. Il se nourrit de fruits et de feuilles. La **guenon** est la femelle du singe.

Parmi ces noms, quel est celui d'un petit singe : ouistiti, colibri, riquiqui ? (ouistiti)

sirène

Une sirène, dans les contes et les histoires, est une femme qui a une queue de poisson à la place des jambes. Elle vit dans la mer.

six

6

6, c'est 5 + 1. Quand on est au **sixième** rang, c'est qu'il y en a cinq devant.

Si 6 scies scient 6 cyprès,
606 scies scient 606 cyprès.

a b c d e f g h i j k l m n o p q r s t u v w x y z

slip

Un slip est un vêtement qui s'enfile par les pieds et se remonte jusqu'au nombril. Il protège le sexe et les fesses.

sœur

Notre sœur, c'est la fille qui a les mêmes parents que nous. Notre **demi-sœur**, c'est celle qui a le même père ou la même mère que nous.

Le roi de la mer avait six filles.
La Petite Sirène était la plus jeune des sœurs,
mais aussi la plus impatiente...

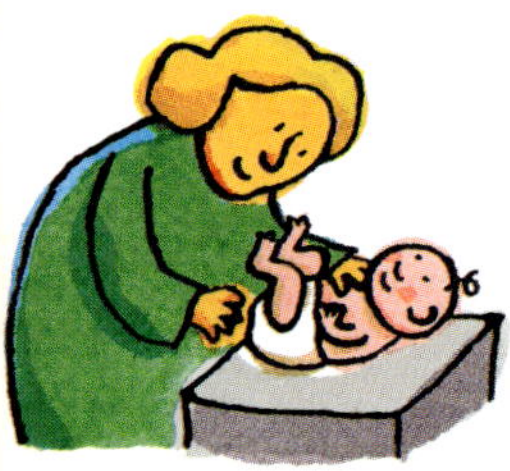

soin

Prendre soin de quelqu'un ou **être à ses petits soins**, c'est s'occuper très bien de lui.

soir

Le soir, c'est, dans la journée, le temps qui va de la fin de l'après-midi jusqu'à la nuit. Lundi soir, c'est lundi, à l'heure du repas du soir et jusqu'au moment de se coucher.

Une robe du soir, est-ce une robe pour dormir ou pour sortir ?

(pour sortir)

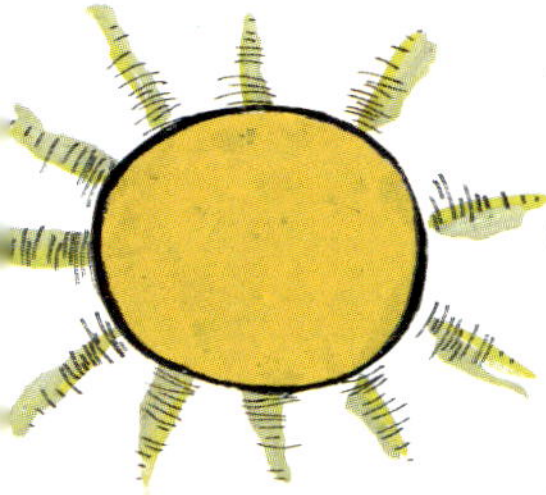

soleil

Le Soleil brille le jour dans le ciel. Il éclaire et réchauffe la Terre. Quand le soleil se lève, il va faire jour, quand il se couche, il va faire nuit. Être en plein soleil, c'est être sous la lumière du soleil. Le contraire, c'est être à l'ombre.

Un joueur est tourné contre un mur.
Loin de lui, les autres avancent sans bruit
pendant qu'il dit : « 1, 2, 3, Soleil ! ».
Quand il se retourne, les joueurs doivent être
immobiles, sinon ils sont éliminés.
Celui qui touche le mur le premier a gagné.

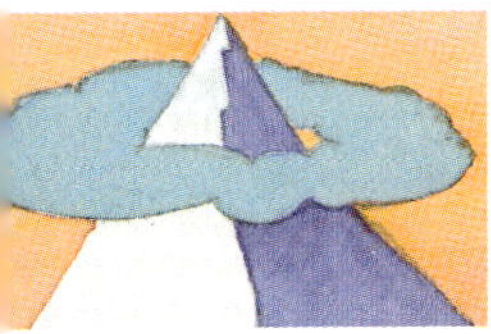

sommet

Le sommet de la montagne, c'est tout en haut de la montagne, là où il y a souvent de la neige.

sonner

Sonner, c'est faire entendre un son, un bruit. Sonner à la porte, c'est appuyer sur la sonnette, qui résonne.

Frère Jacques, Frère Jacques,
Dormez-vous ? Dormez-vous ?
Sonnez les matines, sonnez les matines,
Dig ding dong, dig ding dong !

a b c d e f g h i j k l m n o p q r s t u v w x y z

sorcière

Une sorcière, dans les contes et les histoires, jette des sorts. Elle peut ainsi transformer des princes en grenouilles, ou le contraire.

Mon premier est le contraire de froide.
Mon deuxième n'est pas carré.
Mon tout est la marmite des sorcières.
(chaudron / chaud-rond)

sortir

Sortir de la maison, c'est aller dehors, quitter la maison. Le contraire, c'est entrer.
Sortir un mouchoir de sa poche, c'est le prendre dans sa poche.

Ils sortent tous d'un œuf, sauf un : lequel ?
Le poussin, la tortue, le têtard, le pou, le dinosaure, le hérisson. (le hérisson)

soulever

Soulever une valise, c'est la porter en la levant. Soulever un couvercle, c'est l'enlever et le tenir juste au-dessus d'une casserole. Le vent soulève les feuilles, il les décolle du sol, les fait voler dans les airs. La tempête soulève la mer, elle fait de grosses vagues.

soulier

Les souliers se mettent aux pieds. On dit soulier ou chaussure, comme on veut.

♪ Petit Papa Noël,
Quand tu descendras du ciel,
Avec des jouets par milliers,
N'oublie pas mon petit soulier !

sourcil

Nos deux sourcils sont les poils qui dessinent une ligne au-dessus de nos yeux, en bas du front.

sourire

Sourire, c'est relever le coin des lèvres, pour montrer qu'on est content, heureux. Un **sourire**, c'est ce qu'on fait avec les lèvres quand on sourit.

souris

Une souris est un petit animal gris qui vit dans les maisons ou les greniers. Elle a un museau pointu, une longue queue et grignote tout ce qu'elle peut. Ses petits sont des **souriceaux**. La souris d'un ordinateur est une petite boîte sur laquelle on appuie, on clique, pour jouer ou travailler.

a b c d e f g h i j k l m n o p q r s t u v w x y z

sous

Nager sous l'eau, c'est nager plus bas que la surface de l'eau. Le métro nous transporte sous la ville, dans des tunnels creusés dans la terre. Le contraire, c'est sur.

souvent

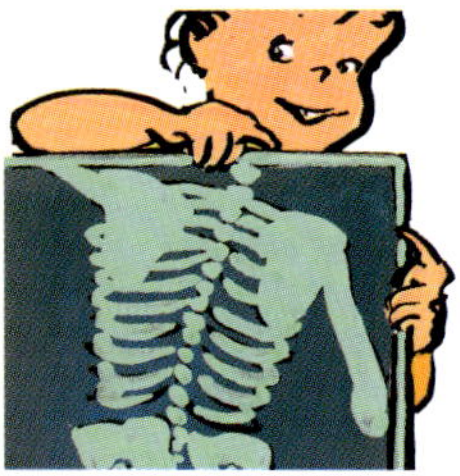

Souvent, c'est plusieurs fois en peu de temps. Le contraire, c'est rarement ou jamais.

squelette

Notre squelette, c'est, à l'intérieur du corps, tous nos os, de la tête aux pieds.

Elles font le squelette des poissons : les écailles, les nageoires ou les arêtes ? (les arêtes)

supermarché

Un supermarché est un grand magasin où l'on peut acheter toutes sortes de choses et où l'on se sert soi-même avant de payer à la caisse.

sur

L'oiseau est sur la branche, ses pattes touchent la branche et, ainsi, il est plus haut qu'elle. Le contraire, c'est sous.

table

Une table est plate, large, et elle a des pieds. On peut s'asseoir autour. **Mettre la table**, c'est poser sur la table une assiette, un verre, un couteau, une fourchette... ou des baguettes à la place de chacun.

Sur la table du chapelier fou, dans Alice au pays des merveilles, *il y a douze tasses à thé pour quatre invités, c'est fou !*

tablier

Un tablier est un vêtement qu'on met par-dessus sa robe ou son pantalon, pour ne pas les salir.

Ils ont un tablier pour travailler, sauf un : lequel ?
Le cuisinier, le boucher, le chevalier. (le chevalier)

tanière

Une tanière, c'est un creux, un abri caché dans la nature où des animaux sauvages, comme les loups, les ours vont se réfugier.

tante

Notre tante, c'est la sœur de notre père, la sœur de notre mère, ou la femme de notre oncle. Les garçons sont ses neveux, les filles sont ses nièces.

taxi

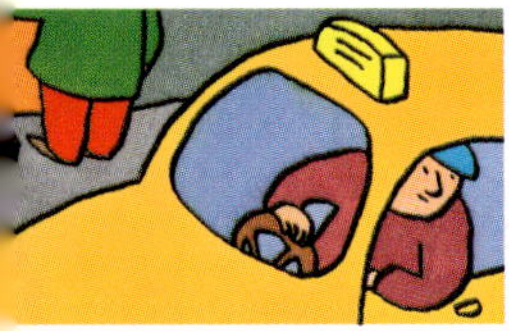

Un taxi est une voiture conduite par un chauffeur qui nous emmène où l'on veut. Quand on prend un taxi, on paye en arrivant le prix inscrit au compteur.

tard

Se lever tard, c'est se lever après l'heure où l'on se lève d'habitude. Le contraire, c'est tôt.

À Cendrillon sa marraine a bien dit :
« Ne rentre pas plus tard que minuit ! »

tee-shirt ou T-shirt

Un tee-shirt est un vêtement en tissu fin, sans col, qu'on enfile par la tête. Il protège le haut du corps.

Si on regarde un T-shirt étendu par terre, on voit qu'avec ses manches il dessine un T. C'est l'explication de son nom !

téléphone

Un téléphone est un appareil qui sert à parler à des personnes qui ne sont pas au même endroit que nous et à les écouter. Donner un **coup de téléphone**, c'est appeler quelqu'un au téléphone.

télévision

Une télévision est un appareil qui permet de voir et d'écouter des émissions ou des films. Regarder la télévision, c'est regarder ses émissions. Souvent, quand on parle, on dit **télé** au lieu de télévision.

tempête

Une tempête est le temps qu'il fait quand il y a un vent très fort, de la pluie, de l'orage ou de la neige, sur terre ou sur mer.

Dans la tempête, le bateau du prince a coulé
et la Petite Sirène a plongé
dans les vagues pour le sauver.
C'est ainsi qu'ils se sont rencontrés...

temps

Le temps qui passe, ce sont les heures, les jours, les années... Le temps qu'il fait : soleil, pluie, vent, orage..., c'est celui de la météo.

tenir

Tenir sa maman par la main, c'est avoir la main dans la sienne. Tenir un verre, c'est l'avoir à la main ou l'entourer des deux mains pour le porter. Tenir avec un élastique, comme le slip, c'est rester à la même place grâce à l'élastique.

Je te tiens, tu me tiens
Par la barbichette,
Le premier de nous deux qui rira
Aura une tapette !

terre

La Terre est la planète où nous vivons. Elle est ronde, juste un peu aplatie aux pôles. Elle tourne sur elle-même en un jour et une nuit et fait le tour du Soleil en une année. La terre, c'est aussi ce qui recouvre la surface de la Terre et que l'on peut cultiver. **Atterrir**, c'est se poser sur le sol.

Ils vivent sous la terre, sauf un : lequel ?
Le ver de terre, la taupe, le papillon.
(le papillon)

terrier

Un terrier, c'est un abri qu'un animal creuse dans la terre. Les renards, les lapins ont des terriers.

tête

Notre tête est en haut de notre corps, au-dessus du cou. Le devant de la tête, c'est le visage. À l'intérieur de la tête, à l'abri dans l'os du crâne, il y a le cerveau.

On lui tape sur la tête et il ne dit rien. Est-ce un chou ou un clou ? (un clou)
Il a une tête et une queue, et des wagons entre les deux. Est-ce le train ou le métro ? (les deux !)

tirer

Tirer une porte, c'est la faire venir vers soi. Le contraire, c'est pousser. Tirer la langue, c'est la faire sortir de la bouche. Un **tire-bouchon** sert à enlever le bouchon d'une bouteille. On l'enfonce dans le bouchon et on tire. La queue **en tire-bouchon** du cochon fait plusieurs tours sur elle-même, comme la pointe du tire-bouchon.

Quelle est la différence entre un cheval et une carotte ? (Le cheval tire et la carotte... pousse.)

tiroir

Le tiroir d'une table, d'une armoire a une poignée sur le devant pour le tirer et quatre côtés, comme une boîte sans couvercle. On y range des affaires.

a b c d e f g h i j k l m n o p q r s t u v w x y z

toboggan

Un toboggan a deux côtés : une échelle pour y monter et une pente pour en descendre en glissant sur les fesses.

toison

La toison des moutons, ce sont leurs poils frisés.

Si tu tonds ton mouton,
Il n'aura plus de toison,
Mais nous aurons des pulls
Et des pompons, ron et ron, petit patapon.

tomate

Une tomate est un fruit. Elle est rouge, ronde ou arrondie. On la mange crue ou cuite, mais pas au dessert ! On en fait aussi du jus et des sauces.

tomber

Tomber, c'est ne plus tenir debout sur ses pieds et être entraîné vers le sol. Les glands du chêne sont tombés, ils se sont détachés des branches et ont atterri sur le sol. **Tomber malade**, c'est devenir malade.

Que fait la neige en tombant : des gouttes, des boules ou des flocons ? (des flocons)

torrent

Un torrent est un cours d'eau qui coule vite et fort en descendant de la montagne.

tortue

Une tortue est un animal qui vit sur terre ou dans l'eau. Elle a une carapace où elle peut rentrer sa tête, ses quatre pattes et sa petite queue. Il y a des petites, des grandes et de très grandes tortues.

Vrai ou faux ?

Les tortues de terre mangent de l'herbe. Les tortues d'eau douce mangent de la viande. Les tortues de mer nagent et mangent de tout ! (Tout est vrai !)

tôt

Se lever tôt, c'est se lever dans les premières heures de la journée. Le contraire, c'est tard.

toucher

Toucher un tissu, c'est mettre la main, le doigt dessus. Le sommet de la montagne touche les nuages, il arrive jusqu'aux nuages.

Dans Boucle d'Or, *le papa Ours n'est pas content quand il rentre chez lui : « Quelqu'un a touché à ma chaise...Quelqu'un a touché à mon assiette... » dit-il.*

a b c d e f g h i j k l m n o p q r s t u v w x y z

toujours

Toujours, c'est tout le temps. Le contraire, c'est jamais.

tourbillonner

Tourbillonner, c'est tourner très vite sur soi-même.

Ils peuvent tous tourbillonner, sauf un : lequel ?
Le vent, la poussière, la mer,
les feuilles en automne,
les danseurs, le soleil. (le soleil)

tourner

Tourner autour du Soleil, comme la Terre, c'est se déplacer en faisant un cercle autour de lui. Tourner à droite, c'est aller vers la droite. Tourner un film, c'est faire un film. Avoir la tête qui tourne, c'est avoir le vertige, mal au cœur. Faire **demi-tour**, c'est s'arrêter avant d'être arrivé et revenir en arrière.

Mon premier est ce que fait la Terre
autour du Soleil.
Mon deuxième est la note de musique
après le fa.
Mon tout est une grande fleur jaune.
(tournesol / tourne-sol)

train

Un train nous transporte à travers la campagne et les villes sur des rails, d'une gare à l'autre, dans des wagons tirés par une locomotive.
Il y a des trains de voyageurs et des trains de marchandises. Un train électrique est un petit train pour jouer.

transporter

Transporter des voyageurs, c'est les emmener d'un endroit à un autre, en voiture, en train, en avion, en bateau... Transporter du sable, c'est l'emporter d'un endroit à un autre.

Comment la chatte transporte-t-elle ses petits : sur son dos ? sur sa tête ? dans sa gueule ?

(dans sa gueule, délicatement, par la peau du cou)

traverser

Traverser la rue, c'est aller d'un trottoir à celui d'en face.

tréteau

Un tréteau, en bois ou en fer, remplace deux pieds de table. On pose une planche sur deux tréteaux et on a une table ou un bureau.

... trois bébés sont nés, ce sont des triplés ...

3

trois

3, c'est 2 + 1. Quand on est au **troisième** rang, c'est qu'il y en a deux devant.

♪ Un, deux, trois, allons dans les bois,
Quatre, cinq, six, cueillir des cerises,
Sept, huit, neuf, dans mon panier neuf,
Dix, onze, douze, elles seront toutes rouges !

trompe

La trompe de l'éléphant, c'est son très long nez qui lui sert à tout attraper. Les mouches, les papillons ont eux aussi des trompes qui leur servent à se nourrir.

trot

Le trot d'un cheval, c'est son allure quand il va plus vite qu'au pas mais moins vite qu'au galop. **Trotter**, c'est aller au trot. **Trottiner**, c'est aller vite en faisant des petits pas, comme une souris.

♪ À cheval sur mon bidet,
Quand il trotte, il fait des pets...

trottoir

Un trottoir, c'est un côté de la rue où l'on peut marcher.

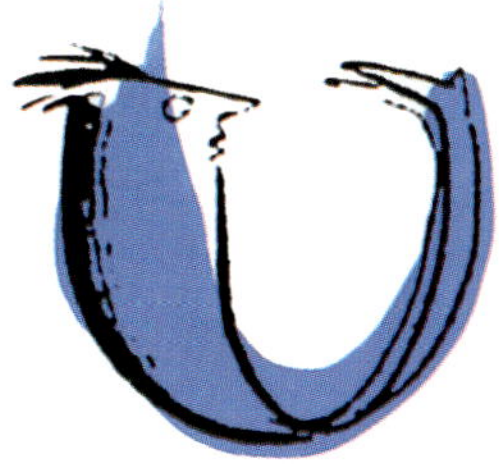

un

1

Un, c'est le premier des nombres. S'il n'y a qu'une rose dans le vase, c'est qu'elle est la seule rose dans ce vase. Être enfant **unique**, c'est ne pas avoir de frère ni de sœur.

Mon premier est après la lettre t.
Les oiseaux construisent mon deuxième.
Mon tout est d'une seule couleur.
(uni / u-nid)

univers

L'Univers, c'est tout ce qui existe dans l'espace, les étoiles, les planètes, ce qu'on connaît, et ce qui reste à découvrir.

urgence

Une urgence, c'est ce que l'on doit faire très vite, sans perdre une seconde.

On les appelle en urgence, sauf une : laquelle?
Les pompiers, la tortue, l'ambulance. (la tortue)

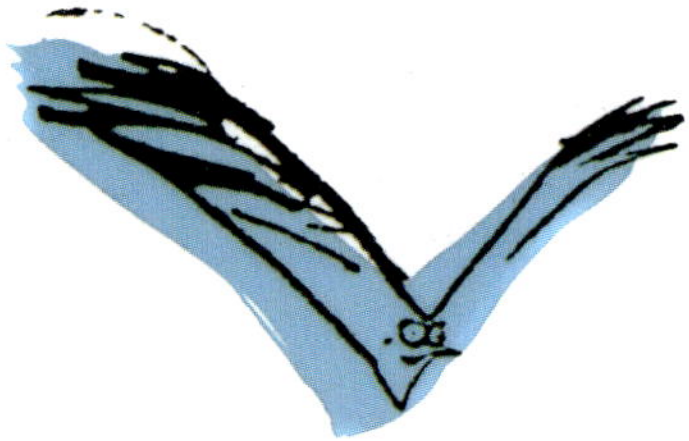

vache

Une vache est un animal qui vit à la ferme. On l'élève pour son lait et sa viande. La vache est la femelle du **taureau**, leur petit est le **veau**.

Que fait la vache, elle meugle ou elle miaule ?

(Elle meugle, « meuh »...)

vague

Une vague, c'est l'eau de la mer qui se soulève et retombe. Il y a de petites et de grosses vagues.

Mon premier n'est pas dur.
Mon deuxième s'entend à la fin de couette.
Mon tout se pose sur les vagues.

(mouette / mou-ette)

vaisseau spatial

Un vaisseau spatial transporte des cosmonautes dans l'espace vers les planètes et les étoiles.

Pourquoi, dans leur vaisseau spatial, les cosmonautes sont-ils attachés à leur siège :

pour ne pas tomber ou pour ne pas flotter ?

(pour ne pas flotter en l'air !)

veau

Le veau est le petit de la vache et du taureau.

vélo

Un vélo a deux roues, un guidon et deux pédales. Il faut pédaler pour avancer. On dit vélo à la place de **vélocipède**.

Qui fait des courses de vélo ?

Le coureur, le chauffeur ou le facteur ?

(Le coureur. On dit aussi coureur cycliste.)

vendeur

Un vendeur, une vendeuse dans un magasin sont les personnes qui nous renseignent et qui nous servent ce que nous voulons acheter.

venir

Venir ici, c'est aller jusqu'ici. Venir de loin, c'est arriver de loin.
Maman vient de téléphoner, elle a téléphoné il y a très peu de temps.
Souhaiter la **bienvenue** à quelqu'un, c'est lui dire qu'on est content qu'il soit là.

a b c d e f g h i j k l m n o p q r s t u v w x y z

vent

Le vent, c'est l'air qui bouge. Il y a des vents très doux comme la brise ou le zéphyr, et des vents très violents qui font des tempêtes, des ouragans.

V'là l'bon vent, v'là l'joli vent,
V'là l'bon vent, ma mie m'appelle,
V'là l'bon vent, v'là l'joli vent,
V'là l'bon vent, ma mie m'attend !

ventre

Notre ventre est sous la poitrine et au-dessus des jambes. À l'intérieur, il y a l'estomac, le foie, les intestins. Les femmes ont aussi une petite poche bien protégée, l'utérus. Quand elles attendent un bébé, c'est là qu'il grandit avant de naître.

verre

Un verre est creux. Il sert à contenir ce que l'on va boire. Le verre de la vitre est transparent, dur et cassant. Les verres des lunettes sont en verre ou en matière plastique transparente.

Ils peuvent être en verre, sauf un : lequel ?
Le vase, l'aquarium,
le pot de confiture, le ballon.
(le ballon)

vert

Le vert est la couleur de l'herbe, des feuilles de menthe, de la laitue, du costume de Babar. En peinture, on fait du vert en mélangeant du jaune et du bleu. Quand le feu est vert, les voitures passent, les piétons doivent attendre.

vêtement

Les vêtements sont fabriqués pour nous habiller. Ils sont différents selon les pays et les saisons.

Tous sont des vêtements, sauf un : lequel ?
Le manteau, le pull, la robe, le pantalon,
la chemise, le tee-shirt, la couette ? (la couette)

ville

La ville, c'est là où il y a beaucoup de rues, d'immeubles, de maisons, de voitures, d'autobus, parfois le métro, et beaucoup de gens qui y travaillent et qui y habitent...

violet

Le violet est la couleur des violettes, des aubergines, de la confiture de myrtilles. En peinture, on fait du violet en mélangeant du rouge et du bleu.

a b c d e f g h i j k l m n o p q r s t u v w x y z

visage

Notre visage est le devant de notre tête, du front au menton.

Qui a un masque sur le visage, Guignol, la Petite Sirène ou Zorro ? (Zorro)

viser

Viser avant de lancer une balle, c'est regarder avec beaucoup d'attention l'endroit précis qu'on veut toucher avec la balle.

visière

La visière d'une casquette est plate et protège du soleil.

vitre

Une vitre est une plaque de verre qui permet de voir à travers une fenêtre.

La vitre avant d'une voiture, c'est un pare-brise ou un rétroviseur ? (un pare-brise)

voir

Nous voyons grâce à nos yeux. Voir des éléphants au cirque, c'est regarder le spectacle qu'ils font. Un homme **invisible** ne peut pas être vu.

Quand peut-on dire « voyons, voyons... » ?
Quand on se réveille, quand on réfléchit
ou quand on se mouche ? (Quand on réfléchit.)

voisin

Nos voisins sont ceux qui habitent juste à côté de chez nous.

voiture

Une voiture transporte un conducteur et des passagers dans les rues, sur les routes. Elle a quatre roues et un moteur.

voler

Les oiseaux volent, ils se déplacent dans le ciel avec leurs ailes. Les avions volent, ils traversent les airs.

vouloir

Si l'on veut, c'est si l'on en a envie ou si on le décide. **En vouloir** à quelqu'un, c'est ne pas lui avoir pardonné quelque chose qu'il a dit ou fait.

Biquette ne veut pas sortir du chou...
Ah ! tu sortiras, Biquette, Biquette,
Ah ! tu sortiras de ce chou-là...

voyager

Voyager, c'est aller dans d'autres endroits que celui où l'on habite pour voir d'autres paysages, d'autres gens. Voyager en avion, en train, c'est prendre l'avion ou le train.

wagon

Les wagons sont les voitures tirées par la locomotive d'un train. Dans un **wagon-restaurant**, on sert à boire et à manger.

xylophone

Un xylophone est un instrument de musique. On frappe sur ses plaques avec deux petits maillets.

Sur ces instruments, on frappe avec les mains ou avec des baguettes, sauf sur un : lequel ? La trompette, le tam-tam, le tambour, le tambourin. (Dans la trompette, on souffle.)

yeux

Voir **œil,** car on dit « un œil, deux yeux ».

Faire les gros yeux à quelqu'un, c'est le regarder avec l'air de ne pas être content.

zèbre

Un zèbre est un animal qui vit en Afrique.
Il a un pelage rayé noir et blanc et peut courir vite.

**Courir comme un zèbre,
c'est avoir un maillot rayé pour courir
ou courir très vite ?** (courir très vite)

zéro

0

Zéro point, c'est aucun point. Avoir zéro faute, c'est ne pas avoir fait une seule faute, bravo !

zigzag

Faire des zigzags, c'est faire des lignes qui dessinent des Z, comme les petites routes en montagne, les éclairs de l'orage, les hirondelles dans le ciel, les skieurs dans la neige.

Ici, c'est fini...
mais au A, ça recommence !

a b c d e f g h i j k l m n o p q r s t u v w x y z

Photogravure : Euresys

Achevé d'imprimer en mars 1997
sur les presses de
l'imprimerie Canale,
Turin (Italie)